Pletschacher · Lufthansa Junkers Ju 52 · Die Geschichte der alten Tante Ju

ISBN 3-925505-05-9

1. Auflage

Buchgestaltung: Design Rottiers, Pliezhausen
Satz und Reproduktionen: Walter Huber,
Grafische Kunstanstalt GmbH & Co. KG, Ludwigsburg
Druck und Herstellung: Bosch-Druck, Landshut

Bildquellen: Bildstelle der Lufthansa, Dietmar Plath,
Fred Gütschow, Hanfried Schliephake, Arno Schmitz,
Teamfoto.

Peter Pletschacher

Lufthansa Junkers Ju 52

Die Geschichte der alten »Tante Ju«

Inhalt

Vorwort

Seit Frühjahr 1986 fliegt sie wieder in der Lufthansa-Flotte, die gute alte Tante Ju. Dieses legendäre Flugzeug hat einer ganzen Epoche der Luftfahrtgeschichte, und damit auch den Pionierjahren der alten Lufthansa ihren Stempel aufgedrückt.

Die Junkers Ju 52 war in den dreißiger Jahren nicht nur das Rückgrat der Kranich-Flotte, sondern sie wurde auch zum Symbol für Qualität, Zuverlässigkeit und Innovationsfreudigkeit der Lufthansa. Was lag also näher, als eine der letzten noch flugfähigen Ju 52 zu erwerben, zu restaurieren und wieder in den Farben der alten Lufthansa fliegen zu lassen. Denn damit konnten wir sinnfällig demonstrieren, daß die Tugenden der Vergangenheit auch heute noch Zukunft haben.

Traditionen zu pflegen, heißt sich darauf zu besinnen, woher man kommt, und aus dieser Besinnung und Erfahrung zu bestimmen, wohin man geht. Ich meine, daß unsere Ju 52 ein ideales Bindeglied zwischen Vergangenheit, Gegenwart und Zukunft darstellt.

Zum Kauf dieser Maschine wurde ich besonders vom Luftfahrt-Presse-Club ermuntert. Auch den vielen Firmen, die uns bei der sehr schwierigen Überholung dieses Oldtimers mit Rat und Tat geholfen haben, gilt mein herzlicher Dank, ebenso den zahlreichen externen Helfern, die uns – wie das Deutsche Museum in München – aus ihren Archiven wertvolle Dokumente und Unterlagen zur Verfügung gestellt haben.

Ganz besonders möchte ich aber den über 350 Mitarbeitern aus den verschiedenen Bereichen unseres Hauses danken, die unter der Federführung von Dr. Klaus Stahlschmidt aus einer alten, häßlichen Ente einen strahlend schönen Schwan gemacht haben. Von unschätzbarem Wert waren dabei die vielen Tips und Ratschläge, die wir von unseren Ju 52-Veteranen erhielten.

Bei der termingerechten Wiederherstellung der Ju 52 zum 60. Geburtstag der Lufthansa erwies sich das Luftfahrtbundesamt als äußerst verständnisvoller und kooperativer Partner. Sehr großzügig war es vor allem, daß wir das historische Kennzeichen D-AQUI neben der aktuellen Registrierung D-CDLH verwenden durften.

Dieses Buch zeigt nun die alte Tante Ju in ihrem neuen Glanz. Aber es berichtet auch über die Entstehungsgeschichte dieses historischen Flugzeugtyps, die Hintergründe des Luftverkehrs der dreißiger Jahre, den bewegten Lebenslauf unserer Ju 52 und über die aufwendigen Restaurierungsarbeiten in unserer Hamburger Werft.

Ich wünsche diesem Buch viele begeisterte Leser und unserer Tante Ju noch weitere 50 Jahre in alter Frische.

Reinhardt Abraham
Stellvertretender Vorstandsvorsitzender
Deutsche Lufthansa AG

QUI
D-AQUI
LUFTHANSA
D-A

Zu diesem Buch

Über ein Flugzeug zu schreiben, das in der Luftfahrtgeschichte zur Legende geworden ist, bleibt immer ein schwieriges Unterfangen. Aber die Tatsache, daß eine der wenigen noch flugfähigen Junkers Ju 52 nun wieder als Traditionsflugzeug der Lufthansa fliegt, reizte doch dazu, dieses Wagnis einzugehen.

Es ging bei diesem Buch nicht darum, die komplette Typengeschichte der Ju 52 zu verfassen, oder alle zivilen und militärischen Einsätze der „Tante Ju" zu dokumentieren. Vielmehr sollte der Versuch unternommen werden, die neue, alte Ju bei ihren Flügen zu begleiten und einen Eindruck von der Faszination zu vermitteln, die dieser Oldtimer auch heute noch, nach über fünfzig Jahren, ausüben kann.

Rückblicke auf die Leistungen von Professor Hugo Junkers, der die ersten Ganzmetallflugzeuge entwickelte und auf die frühen Jahre des Luftverkehrs in den dreißiger Jahren sollen zeigen, wie die Ju 52 entstand und welche Rolle sie in der Pionierzeit der Verkehrsluftfahrt spielte.

Auch der abenteuerliche Lebensweg dieser heute in den Farben der alten Lufthansa fliegenden Tante Ju wird nachgezeichnet, bis zu ihrer Rückkehr nach Hamburg Ende 1984. Ganz besonders ausführlich werden aber die schwierigen Restaurierungsarbeiten, die große Tauffeier im Frühjahr 1986 und die ersten Flüge der verjüngten Tante Ju beschrieben.

Dieses Buch soll am Beispiel der legendären Junkers Ju 52 an die große Tradition der deutschen Flugzeugindustrie erinnern, aber auch an die Pionierzeit der Fliegerei, als die Grundlagen für den heutigen weltumspannenden Luftverkehr gelegt wurden.

Mein Dank gilt Herrn Dr. Klaus Stahlschmidt, der in der Hamburger Lufthansa-Werft die Restaurierungsarbeiten an der Tante Ju geleitet hat. In vielen Gesprächen ermöglichte er einen Einblick in diese von viel Idea-

lismus getragenen, über ein Jahr dauernden Arbeiten.

Auch Herr Werner Bittner, Leiter des Firmenarchivs der Lufthansa, hat sich große Mühe bei der Suche nach historischen Dokumenten gegeben, und er half darüberhinaus bei der Durchsicht des Manuskripts. Zu danken habe ich außerdem Herrn Gerd Rebenich und seinen Mitarbeiterinnen in der Bildstelle der Lufthansa, die bei der umfangreichen Zusammenstellung des Fotomaterials behilflich waren.

Nicht zuletzt haben Herr Martin Mayr, Public Relations-Referent der Lufthansa in Köln und Flugkapitän Heinz-Dieter Bonsmann, der Motor des Flugbetriebs der Ju 52, sehr viel zum Gelingen dieses Buches beigetragen.

Ihnen allen danke ich für die stets freundliche Unterstützung, für viele Tips und Ratschläge.

München, im Herbst 1988

Peter Pletschacher

Tante Ju in altem Glanz

Wie in ihren besten Tagen fliegt bei Lufthansa wieder eine Junkers Ju 52, ein legendäres Flugzeug, das in vielen Ländern Luftfahrtgeschichte gemacht hat.

Kaum ein anderes Flugzeug der Welt ist so populär wie die Junkers Ju 52, die gute, alte Tante Ju. Vor einem halben Jahrhundert war sie zum Inbegriff für Sicherheit und Zuverlässigkeit im Luftverkehr geworden. Die Piloten schwärmten von ihrer unverwüstlichen Konstruktion und von den beruhigend gutmütigen Flugeigenschaften. Doch die schnellebige Entwicklung der Luftfahrttechnik ist über diese Legende aus der Propeller-Ära hinweggegangen. Die Jets beherrschen heute das Bild auf den modernen Flughäfen.

Nur wenige dieser Veteranen haben die Jahrzehnte des rasanten Fortschritts und die Wirren des Krieges überlebt. In der Schweiz leisteten drei dieser Oldtimer bis in die jüngste Zeit herein ihren Militärdienst, seitdem werden sie von einem Fan-Club für Nostalgieflüge eingesetzt. Und in vergessenen Winkeln der Welt

Erinnerungen an die Pionierzeit des Luftverkehrs weckt die Junkers Ju 52, das Traditionsflugzeug der Lufthansa.

Freigabe: Senator für Häfen, Schiffahrt und Verkehr in Bremen, Nr. MBB 86–0402/24

Eine historische Begegnung besonderer Art war es, als die Tante Ju, begleitet von alten Doppeldeckern, im Bild oben ein Bücker Bü 131 Jungmann, über die Windjammer der Sail '86 in Bremerhaven flog.

Freigabe: Senator für Häfen, Schiffahrt und Verkehr in Bremen, Nr. MBB 86–0908/3

existierten noch einige Ju 52 wie Fossilien aus einer anderen Epoche, ansonsten waren sie nur in Museen als Dokumente aus der Glanzzeit des deutschen Flugzeugbaus zu bewundern.

Jetzt aber fliegt wieder eine alte Junkers Ju 52 in den Farben der Lufthansa. Als Traditionsflugzeug der deutschen Fluggesellschaft ist sie auf vielen Flugtagen unterwegs und weckt Erinnerungen an eine Zeit, in der die Grundlagen des heute weltumspannenden Luftverkehrs gelegt wurden.

Für Reinhardt Abraham, den stellvertretenden Vorsitzenden der Deutschen Lufthansa ist die neue, alte Ju 52 von besonderer Bedeutung: „Sie war in den dreißiger Jahren nicht nur das Rückgrat der Lufthansa-Flotte, sondern der Inbegriff für Qualität, Zuverlässigkeit und Innovationsfreudigkeit der Lufthansa. Sie war und bleibt das Symbol für manche Pioniertat unter dem Zeichen des Kranichs."

Nostalgie ist große Mode geworden in den letzten Jahren – auch in der Luftfahrt. Die Flugzeugmuseen erfreuen sich steigender Besucherzahlen, Oldtimer sind die Stars von Flugtagen, und auch manche der modernen Flugzeugbaufirmen besinnen sich auf die Wurzeln ihres Erfolges und restaurieren alte Maschinen aus ihrer langen Geschichte, um zu demonstrieren, daß die Gegenwart keine Zukunft hätte, ohne die soliden Grundlagen aus der Vergangenheit.

So hatte sich auch die Lufthansa dazu entschlossen, eine der letzten noch existierenden Ju 52 zu erwerben und gründlich zu restaurieren. Rechtzeitig zum 60. Geburtstag der Lufthansa wurde sie wieder in die Flotte aufgenommen, aber sie braucht nun nicht mehr im Liniendienst zu fliegen: Als Zeugnis aus vergangenen Tagen demonstriert die Tante Ju, wie das alles einmal begonnen hat mit dem Luftverkehr. Sie weckt Respekt vor den Leistungen, mit denen die Piloten und Techniker der alten Lufthansa in den zwanziger und dreißiger Jahren zum Aufbau des Luftverkehrs im In- und Ausland beigetragen haben. Aber sie ist darüberhinaus auch ein Dokument für die große Vergangenheit der deutschen Luftfahrtindustrie.

Die modernen Jet-Airliner aus den Montagehallen von Boeing, Airbus Industrie und McDonnell Douglas versetzen durch ihre schiere Größe, ihre hohen Geschwindigkeiten und Reichweiten und durch ihre ausgeklügelte Elektronik in Erstaunen. Aber immer wenn die so altertümlich und betulich anmutende Tante Ju auf einem Airport landet, dann ist sie unter all diesen Meisterwerken des modernen Flugzeugbaus der unbestrittene Star.

Im Gegenlicht schimmert die typische Wellblechhaut der Tante Ju: Die Romantik der technischen Nostalgie begeistert nicht nur die Freunde alter Flugzeuge.

RPM
VERTICAL SPEED
FUEL TANK SELECTION
LEFT
RIGHT
INTERIOR LIGHTS
CALL
PITOT HEAT
LOCKED
MIXTURE

Die Faszination, die dieser Veteran ausstrahlt, ist auch kaum mit wenigen Worten zu erklären. Das unverwechselbare Bild dieser dreimotorigen Maschine mit ihrer typischen Wellblechhaut mag dabei eine Rolle spielen. Aber hinter dieser fast schon skurrilen äußerlichen Erscheinung steckt noch mehr: Es ist die Erinnerung an eine Zeit, als das Flugzeug noch kein Massenverkehrsmittel war. Die Flugverbindungen zwischen Ländern und Kontinenten, über Meere und Gebirgszüge hinweg, mußten damals erst mühsam erkundet und aufgebaut werden.

Und gerade in dieser Pionierzeit spielte die Junkers Ju 52 eine entscheidende Rolle. Ihre geradezu sprichwörtlich gewordene Sicherheit, Zuverlässigkeit und Wirtschaftlichkeit machten es möglich, daß der Luftverkehr aus seinen Kinderschuhen herauswachsen konnte: Es war nicht mehr länger ein reines Abenteuer, per Flugzeug zu reisen.

Die neue, alte Ju 52 der Lufthansa stammt noch aus der Produktion der Junkers Flugzeug- und Motorenwerke AG, die ihren Hauptsitz in Dessau hatte. In den zwanziger und dreißiger Jahren war dieses Unternehmen durch seine systematische Entwicklung einer ganzen Familie von Ganzmetall-Verkehrsflugzeugen weltberühmt geworden. Junkers-Maschinen gehörten damals zum Inventar nicht nur der Lufthansa, sondern auch viele andere Fluggesellschaften aus aller Welt kauften in Dessau ein.

Die dreimotorige Ju 52, sie ging ab 1932 in Produktion, erwies sich als der krönende Abschluß einer mit geradezu wissenschaftlicher Akribie entwickelten Baureihe von Verkehrsflugzeugen aus dem Hause Junkers. Sie wurde zu einem Bestseller und Exportschlager. Insgesamt verließen mehr als 5000 Maschinen dieses Typs in verschiedensten Varianten

Nur auf den ersten Blick gleicht das Cockpit dem der originalen Ju 52 aus den dreißiger Jahren: Bei der Restaurierung der Maschine wurden modernste Instrumente eingebaut.

Mit Kunstleder bezogene Sitze und die geflochtenen Gepäcknetze verbreiten in der Kabine das Flair der Pionierzeit.

die Montagehallen. Den Großteil dieser Produktion hatte sich zwar die Luftwaffe gesichert, aber etwa 500 Ju 52 wurden für den zivilen Einsatz in mehr als 40 Ländern der Welt gebaut. Allein bei der Lufthansa standen zeitweise bis zu 80 Junkers Ju 52 im Einsatz.

Und heute trägt die restaurierte Tante Ju mit dem Namen „Berlin-Tempelhof" wieder die Farben der alten Lufthansa. Seit dem Frühjahr 1986 ist sie auf den Luftstraßen und Flughäfen unterwegs, um die Erinnerungen an die Pionierzeit des Luftverkehrs wachzuhalten. Natürlich paßte der Oldtimer nicht so recht in die technische, logistische und organisatorische Struktur der Fluggesellschaft. So wurde am 13. Juni 1986 die „Deutsche Lufthansa Berlin-Stiftung" gegründet: Sie ist seitdem die Eigentümerin der restaurierten Ju 52.

In den Vorstand wurde Professor Ernst Simon berufen, der langjährige Leiter der Lufthansa-Hauptabteilung Technische Projekte und Dozent an der Technischen Universität Berlin, sowie der jeweilige Leiter der Lufthansa-Niederlassung in Berlin.

Daß sich die Lufthansa ihrer eigenen Geschichte verpflichtet fühlt, das geht aus der Zielsetzung für diese ungewöhnliche Stiftung hervor. Denn sie verfolgt ausschließlich gemeinnützige Zwecke auf dem Gebiet der Luftfahrt und arbeitet „für die Förderung von Kulturwerten und der Wissenschaft auf den Gebieten der zivilen Luftfahrt, die Erhaltung funktionsfähigen historischen Fluggeräts sowie dessen Vorführung in der Öffentlichkeit".

Der frühere Sitz der alten Lufthansa stand Pate für den Namen des restaurierten Veteranen (rechts).

Die Kunst, aus Wellblech Flugzeuge zu bauen, beherrschten die Junkers-Werke in Perfektion (ganz rechts und Seite 20/21).

D-AQUI
QUI
D-A

In Berlin hatte die alte Lufthansa seit ihrer Gründung im Jahr 1926 ihren Sitz, und der Flughafen Tempelhof entwickelte sich in den dreißiger Jahren zu einem wichtigen Drehkreuz des Luftverkehrs. Auch wenn die Lufthansa seit der Wiederaufnahme ihres Liniendienstes im Jahr 1955 aus politischen Gründen nicht mehr nach Berlin fliegen darf, so blieb es dennoch stets ein langfristiges Ziel der Lufthansa, in der ehemaligen deutschen Hauptstadt wieder Flagge zeigen zu können.

Die Deutsche Lufthansa Berlin-Stiftung ist nur eine von vielen Aktivitäten, mit denen die Präsenz der nationalen Fluggesellschaft in der geteilten Stadt dokumentiert werden soll. Aber die Ju 52 „Berlin-Tempelhof" kann natürlich, die alliierten Luftkorridore nach Berlin nicht befliegen, ebensowenig wie die Jets der Lufthansa. Sie bleibt in Frankfurt stationiert.

Die Stiftung selbst setzt den Oldtimer zwar auch für eigene, gemeinnützige Zwecke ein, aber in allen anderen Fällen wird die Ju 52 an die ebenfalls im Sommer 1986 gegründete „Lufthansa Traditionsflug GmbH" vermietet. Als Betriebsgesellschaft für den Einsatz historischer Flugzeuge hat dieses Unternehmen unter Leitung von Flugkapitän Heinz-Dieter Bonsmann die Aufgabe, die Ju 52 nach wirtschaftlichen Gesichtspunkten zu betreiben.

So begann also eine kleine, verschworene Mannschaft schon bald damit, Einsatzpläne für den Oldtimer zu entwickeln. An begeisterungsfähigen Piloten, die die Ju 52 fliegen und vorführen wollten, herrschte kein Mangel. Sie tauschten gerne für einige Stunden ihren täglichen Arbeitsplatz in einem der modernen Jet-Airliner gegen das Cockpit der Tante Ju.

Aber sie mußten umlernen: Kolbenmotoren sind ganz anders zu bedienen als die großen Düsentriebwerke eines Airbus oder einer Boeing. Und einige Gewöhnung kostete es wohl auch, mit einer Geschwindigkeit von

Auf vielen Flughäfen in der Bundesrepublik und im benachbarten Ausland zeigt die Tante Ju Flagge und wirbt für das Ansehen der Lufthansa.

Tief über die Landschaft zu fliegen, das ist ein Erlebnis, das man in der Ju 52 wie in alten Zeiten wieder genießen kann.

Freigabe: Senator für Häfen, Schiffahrt und Verkehr in Bremen, Nr. MBB 86–0908/13

kaum 200 Stundenkilometern durch die Luft spazierenzufliegen – ein Tempo, das gar nicht ausreichen würde, um einen der neuzeitlichen Jets überhaupt vom Boden abheben zu lassen. Ganz und gar befremdlich ist das altertümliche Heckrad-Fahrwerk: Früher hatte es seine Berechtigung, weil man damit auf unebenen Flugplätzen besser zurechtkam. Aber saubere Landungen mit diesem Fahrwerk zu bauen, das erfordert einige Übung für Piloten, die nur an die modernen, leicht zu beherrschenden Bugfahrwerke gewöhnt sind.

Gerade diese Herausforderung, eines der wenigen noch existierenden Flugzeuge aus der Vergangenheit eigenhändig steuern zu können, reizte aber die Piloten ganz besonders. Sie fliegen den Veteranen in ihrer Freizeit: Nur die Reisespesen werden ihnen von ihrem Arbeitgeber Lufthansa ersetzt. Natürlich machen sich auch die Flugbegleiter ein Hobby daraus, an Bord der Ju 52 für Information und Bewirtung zu sorgen. Dienst auf diesem historischen Flugzeug zu tun, das wurde für Lufthansa-Besatzungen zu einem faszinierenden Erlebnis, zu einer willkommenen Abwechslung ihrer Arbeit im routinemäßigen Linienverkehr.

Zu den ersten öffentlichen Auftritten der Tante Ju gehörte ihr Besuch auf der Internationalen Luft- und Raumfahrt-Ausstellung ILA '86 in Hannover: Zwischen den modernen Flugzeugen der renommiertesten Hersteller aus aller Herren Länder bildete dieser berühmte Veteran den unbestrittenen Mittelpunkt. Fünf Jahrzehnte Luftfahrtgeschichte wurden durch dieses Rendezvous zwischen Vergangenheit und Gegenwart augenfällig demonstriert.

Dann folgte eine ausgedehnte Vorstellungstour auf den deutschen Verkehrsflugzeughäfen: Viele Journalisten von Tageszeitungen,

Magazinen und Fachzeitschriften wurden dazu eingeladen, die Tante Ju in ihrer alten Frische kennenzulernen. Ungezählte Reportagen berichteten über die Erlebnisse an Bord eines Flugzeugs, das wie eine Zeitmaschine das Flair der dreißiger Jahre zurückholt.

Eine Begegnung von besonderem nostalgischem Reiz wurde die große Windjammer-Parade „Sail '86" des Sommers 1986 in Bremerhaven. Als eine ganze Flotte von voll getakelten Segelschiffen in den Hafen einfuhr, zollte die Tante Ju diesen majestätischen Seglern ihren Tribut: Begleitet von Doppeldeckern aus der Vorkriegszeit flog sie hoch über den Masten mit ihren vom Wind geblähten Segeln hinweg. Tausende von Zuschauern säumten die Ufer und begeisterten sich an diesem historischen Schauspiel.

Das Rendezvous zu Wasser und in der Luft reizte zu Vergleichen: Die Segelschiffe hatten über Jahrhunderte hinweg die Ozeane erobert, bis sie in der Neuzeit von den leistungsfähigeren Dampfschiffen verdrängt wurden. Und die Ju 52 beherrschte für lange Zeit die Szene im Luftverkehr der Propeller-Ära, bevor die Jets die Welt der Fliegerei veränderten.

Reizvolle Kontraste gab es immer wieder, wenn die Tante Ju auf Tournee ging. Es konnte nicht ausbleiben, daß sie dabei auch der Douglas DC-3 begegnete, die ab Mitte der dreißiger Jahre in den USA auf den Markt gekommen war. Ähnlich wie in Deutschland mit der Ju 52 war in den USA mit der DC-3 das Ziel des kostendeckenden, wirtschaftlichen Luftverkehrs erreichbar geworden. Und auch diese berühmte Douglas-Maschine wurde zu einem Klassiker der internationalen Luftfahrt. Sie war ein Garant für sicheres, komfortables Fliegen, und die sagenhaften Qualitäten die-

Die typischen Junkers-Doppelflügel, aufgeteilt in Landeklappen und Querruder, erlauben der Tante Ju eine sehr geringe Landegeschwindigkeit.

ses Zeitgenossen der Ju 52 sind Stoff genug für Legenden aus einer Ära, als der Luftverkehr begann, seinen Kinderschuhen zu entwachsen. Einige DC-3 gehörten auch noch zum ersten Flottenbestand der Nachkriegs-Lufthansa, als sie im Jahr 1955 wieder ihre Liniendienste aufnehmen konnte.

Skurril und beinahe weltfremd nimmt sich die Tante Ju aus, wenn sie auf großen internationalen Airports zwischen den riesigen Großraumflugzeugen zu ihrem Parkplatz rollt. Neben einem Airbus oder einer Boeing 747 wirkt sie wie ein Fossil aus längst vergangenen Tagen. Das Leitwerk eines Airbus A310–300 ragt fast dreimal so hoch, beim Start ist er mit seinen 150 Tonnen rund 15mal schwerer und er fliegt viermal so schnell. Der Jumbo-Jet Boeing 747 kann bis zu 450 Passagiere fassen – damit könnte man die Kabinen von dreißig Ju 52 füllen.

Nicht nur in Deutschland ist dieses Traditionsflugzeug der Lufthansa unterwegs: Die Tante Ju wird auch im Ausland überall gerne gesehen. So machte sich die Tante Ju im Sommer

Begegnungen mit der Neuzeit: Super-Guppy für den Transport von Airbus-Teilen (rechts), Boeing 737-200 (ganz rechts), Überschall-Verkehrsflugzeug Concorde (unten).

Freigabe: Senator für Häfen, Schiffahrt und Verkehr in Bremen, Nr. MBB 86–0402/25

1988 auf den Weg, um einige Flugplätze in Großbritannien zu besuchen. Luftfahrtgeschichte und Oldtimerflugzeuge stehen auf der Insel ganz besonders hoch im Kurs. Nirgendwo in Europa gibt es mehr Museen für Flugzeugfans, und nirgendwo fliegen noch so viele historische Maschinen aus allen Epochen der Luftfahrtgeschichte. So war es denn kein Wunder, daß der berühmte deutsche Wellblech-Vogel auch das britische Publikum zu begeistern wußte.

Aber auf dem riesigen internationalen Airport London-Heathrow kam es dann zu einer Begegnung, von der sich die Tante Ju in ihrer Jugend wohl nie hätte träumen lassen: Die Concorde paradierte am Parkplatz der Ju 52 vorbei, und man konnte kaum sagen, wer von diesem Zusammentreffen mehr begeistert war – die Crew des pfeilschlanken Überschall-Vogels oder die Besatzung des deutschen Veteranen. Immerhin liegen Welten zwischen diesen beiden Arten der Fortbewegung. Mit ihrer doppelten Schallgeschwindigkeit ist die Concorde so ziemlich zehnmal schneller als die Ju 52. Der Kontrast konnte kaum größer sein: Die alte Junkers-Maschine kokettierte mit ihrer Ausstrahlung einer längst vergangenen Epoche, während die Concorde daneben wie ein futuristischer Vorbote der Zukunft wirkte.

Eines haben diese beiden so grundverschiedenen Flugzeuge aber dennoch gemeinsam. Denn sie wurden von ihren Konstrukteuren so gebaut, daß sie nach dem jeweiligen Stand der Technik ihre Aufgabe perfekt erfüllen konnten. Die Tante Ju als robustes Transport- und Verkehrsflugzeug mit geringstmöglichen Ansprüchen, die Concorde als ein Airliner, der doppelt so schnell wie der Schall fliegen konnte. Nüchterne Wellblech-Praxis auf der einen Seite und perfektionierte Aerodynamik auf der anderen. Daß die Concorde schon dreißig Jahre nach dem Erstflug der Ju 52 auf den Reißbrettern der englischen und französischen Ingenieure Gestalt annahm, das illustriert ganz verblüffend, wie rasant sich die Technologien der Luftfahrt weiterentwickelt hat.

Es waren nur wenige große Namen, die in den dreißiger Jahren die Entwicklung des Flugzeugbaus prägten. Geoffrey De Havilland und Frederick Handley Page in England, Louis Breguet und Pierre Latécoère in Frankreich, Anthony Fokker in Holland oder Allan Lockheed, William Boeing und Donald Douglas in den USA. In Deutschland wurden Männer wie Hugo Junkers, Claude Dornier, Willy Messerschmitt und Ernst Heinkel zu den großen Pionieren des Flugzeugbaus.

Ihre Kreationen und diejenigen vieler anderer deutscher Firmen waren in der Flotte der alten Lufthansa vertreten. Heute sind diese traditionsreichen Namen fast völlig aus der Welt der Luftfahrt verschwunden. Anonyme Konzerne beherrschen den Markt.

Aber im September 1988 kam es auf dem Flughafen München-Riem zu einem denkwürdigen Familienfest: Die Lufthansa hatte die Nachfahren der berühmten deutschen Flugzeugbaupioniere zu einem Rundflug mit der Ju 52 eingeladen. Klaus und Günter Junkers, die beiden Söhne des Schöpfers der Tante Ju waren dabei, und auch sein Enkel Bernd Junkers. Die Familie Dornier wurde von Conrado Dornier, dem Enkel des Firmengründers vertreten, und Karl-Ernst Heinkel repräsentierte das Lebenswerk seines Vaters. Mit von der Partie bei dieser illustren Runde waren Dr. Roman Rittweger, der Hauptgeschäftsführer der Flughafen München GmbH, seine Presseche-

Vor der Werfthalle in Hamburg: Rendezvous mit einem Schulflugzeug Beech Bonanza F33 der Lufthansa.

Die Tante Ju als Stargast der Internationalen Luft- und Raumfahrtausstellung ILA '86 in Hannover (oben).

Die beiden berühmtesten Verkehrsflugzeuge ihrer Zeit: Junkers Ju 52 und Douglas DC-3 einträchtig nebeneinander auf der ILA '86 (links).

Ein ungewöhnlicher Fototermin vor der Frankfurter Werft: Airbus A300–600 und Ju 52, davor der Vorkriegs-Schulgleiter SG 38 und das moderne Kunststoff-Segelflugzeug Lemke-Schneider LS6 (links unten).

fin Ingeborg Ergenzinger und Dr. Walther Rathjen, der Leiter der Luft- und Raumfahrtabteilung im Deutschen Museum.

Reinhardt Abraham, der stellvertretende Vorstandsvorsitzende der Lufthansa hatte es sich nicht nehmen lassen, diese seltenen Gäste persönlich zu begrüßen. Und dann stiegen sie in die Ju 52, flogen im strahlenden Blau des Herbsthimmels über die Münchner Innenstadt, kreisten über dem bunten Gewimmel des Oktoberfestes, und nahmen Kurs zum Starnberger See. Zum Greifen nah zog unter der gemächlich dahinfliegenden Ju die oberbayerische Landschaft mit ihren Wäldern und Flüssen, Dörfern und Klöstern vorbei, bis am Horizont wieder das Weichbild der Stadt München auftauchte.

Die Kombination der Namen Junkers, Heinkel und Dornier hatte bei der alten Lufthansa einen besonderen Klang. Denn es gab in den dreißiger Jahren eine Strecke, auf der Maschinen aller drei Firmen gemeinsam eine wichtige Rolle spielten – auf der Luftpostroute nach Südamerika.

In Deutschland wurden die Briefe zuerst in eine Heinkel He 70 „Blitz" verladen, es war mit 340 Stundenkilometern das damals schnellste Verkehrsflugzeug der Welt. Nonstop flog die He 70 nach Sevilla, dort wurden die Postsäcke in eine Ju 52 umgeladen und nach Bathurst an der Westküste des afrikanischen Kontinents weiterbefördert. Dann kam der Sprung über den Südatlantik: Diese lange Strecke zwischen den beiden Kontinenten konnte damals allerdings noch nicht nonstop im Fluge bewältigt werden. So mußte sich ein Flugboot vom Typ Dornier „Wal" zuerst einige hundert Seemeilen huckepack auf dem schwimmenden Stützpunkt „Westfalen" nach Südwesten in den Atlantik hinaustragen lassen. Erst als die südamerikanische Küste in Reichweite des „Wal" lag, wurde das Flugboot samt seiner Postladung mit Hilfe eines von Heinkel gebauten Katapults vom Deck des Schiffes gestartet.

Der „Wal" wasserte in Natal an der südamerikanischen Küste, und die Post wurde wieder umgeladen in eine Junkers W34 oder Ju 52 des Condor Syndicats, einer mit Beteiligung der Lufthansa aufgebauten Fluglinie, die die Briefe dann weiter nach Rio de Janeiro und Buenos Aires brachte. Mit dieser Stafette war es gelungen, die Postlaufzeit von Deutschland nach Südamerika von vorher elf auf nur noch fünf bis sechs Tage zu verkürzen, eine Leistung, die auch heute in der Jet-Ära noch Erstaunen wecken muß.

In enger Zusammenarbeit zwischen der Lufthansa hatten die deutschen Flugzeugbauer damals entscheidende Meilensteine für die Entwicklung der ziviien Luftfahrt gesetzt. Und die Gäste des Nostalgiefluges waren sich dieser großen Leistungen ihrer Vorfahren bewußt, als sie in der Ju 52 über die Voralpenlandschaft flogen. Mit dieser kleinen Reise in die Vergangenheit hatte Lufthansa den großen Namen des frühen deutschen Flugzeugbaus die gebührende Reverenz erwiesen.

Daß der legendäre Ruf der Tante Ju so lebendig ist wie eh und je, das zeigt sich überall dort, wo dieser Oldtimer zur Visite kommt. Anfragen nach Vorführungen und Passagierflügen rei-

Ein Familienfest besonderer Art war es, als die Nachfahren der großen Flugzeugbau-Pioniere von Lufthansa zu einem Rundflug mit der Ju 52 eingeladen wurden: Günter und Klaus Junkers, Conrado Dornier, Karl-Ernst Heinkel und Bernd Junkers (v.l.n.r.)

Die Tante Ju als Image-Träger

Die alte Dame fasziniert nicht nur die eingefleischten Luftfahrt-Fans: Den ungewöhnlichen Bekanntheitsgrad dieses alten Flugzeugs nutzen auch viele Firmen, um ihre Produkte ins rechte Licht zu rücken.

Als pittoresker Hintergrund für Werbefotos posiert die Ju 52 immer wieder mal gerne, wenn sie nicht gerade für Charterflüge, auf Air Shows oder Incentive-Touren unterwegs ist.

Für die Sympathie, mit der man allenthalben diesem Oldie begegnet, spricht aber auch, daß für den Betrieb der Ju 52 schon viele Firmen mit Rat und Tat ihre Unterstützung gaben. Die Lufthansa Traditionsflug GmbH nämlich, die diese Maschine betreibt, muß versuchen, die laufenden Kosten durch entsprechende Einnahmen aus dem Flugbetrieb der Tante Ju wieder zu erwirtschaften.

Einen wichtigen Beitrag dazu leisteten auch Sponsoren, die Fahrzeuge für den Bodendienst gestiftet haben. Die Daimler-Benz AG zum Beispiel stellte einen großen Kastenwagen zur Verfügung, der mit einer kompletten Werkzeugausrüstung die technische Betreuung der alten Maschine erleichtert.

Es versteht sich schon fast von selbst, daß das Kennzeichen dieses Wagens adäquat ausgesucht wurde: F–JU 52!

ßen nicht ab. Auf Flugtagen stiehlt die Maschine selbst den modernsten Jets die Schau. Firmen mieten die Ju 52, um besondere Leistungen ihrer Mitarbeiter zu honorieren, und die Tante Ju dient auch immer wieder als Filmstar oder als pittoreske Kulisse für Werbeaufnahmen. Sie verkörpert schließlich wie kaum ein anderes Produkt den Qualitätsbegriff des „Made in Germany".

Hinter den Kulissen dieser Tourneen steckt allerdings ein erheblicher Aufwand: Die Techniker der Lufthansa sorgen mit Engagement und Begeisterung dafür, daß die Maschine in der Saison von Frühjahr bis Herbst stets flugklar bleibt. Auch wenn die Wartung des Oldtimers völlig aus dem Rahmen der technischen Serviceleistungen fällt, die die Lufthansa für ihre Jet-Flotte an allen Flughäfen bereithält, so klappt die Versorgung des Veteranen dennoch reibungslos: Die Betreuungsmannschaft der Traditionsflug GmbH ist auch ganz besonders stolz darauf, daß die Ju 52 eine Einsatzzuverlässigkeit von 99 Prozent erreicht – ein Spitzenwert, der auch von den modernsten Jets kaum noch übertroffen werden kann.

Sie hat es also noch nicht verlernt, die Tante Ju: Pflichtbewußt und zuverlässig ist sie bis in ihr hohes Alter geblieben, und sie wirkt damit noch immer als großes Vorbild: „Das Schritt um Schritt gewachsene Vertrauen in die Leistungsfähigkeit von Flugzeugen wie der Ju 52 führte zu jenen Zielen", so Reinhardt Abraham, „die in der Lufthansa-Technik Priorität haben: Sicherheit, Einsatzzuverlässigkeit und Wirtschaftlichkeit."

Eher nostalgische Wehmut empfindet allerdings Flugkapitän Martin Gaebel, Vorstandsmitglied der Lufthansa, wenn er die Flugzeugkanzel des Traditionsflugzeugs Ju 52 mit dem elektronisch ausgerüsteten Cockpit eines der modernen Düsenriesen vergleicht: „Wo ist sie geblieben, die Zeit der Pioniere, des Abenteuers und des Wagemuts?" Die Zeit der im Pro-

Werbung mit der Tante Ju

1988 fliegt unsere geliebte Tante Ju seit 52 Jahren. Ansonsten haben wir mit einem Durchschnittsalter von 6,3 Jahren nach wie vor eine der jüngsten Flotten der Welt.

Nur eines unserer Flugzeuge wird bei uns alt.

Ju-52-Flüge bucht jedes Reisebüro mit Lufthansa Agentur oder Ihr Lufthansa Stadtbüro.

Lufthansa

Jede Fluggesellschaft wirbt gerne mit einer jungen, modernen Flotte. Mit ihrer Anzeige „Nur eines unserer Flugzeuge wird bei uns alt“ demonstrierte die Lufthansa, daß ihr Traditionsflugzeug Ju 52 trefflich als Kontrastprogramm für diese Botschaft genutzt werden kann.

Als „Anzeige der Woche“ wurde dieses Sujet vom Kommunikationsdienst für die deutsche Wirtschaft im August 1988 im Bereich der Qualitätswerbung ausgezeichnet. Daß die „Tante Ju“ mit ihrem nostalgischen Charme auch heute noch vertrauensbildend wirkt, das zeigt deutlich, wie sehr in weiten Teilen der Bevölkerung mit diesem legendären Flugzeug die Begriffe Sicherheit, Zuverlässigkeit und Solidität verbunden werden.

Ob in weiteren 50 Jahren auch mit einem aus unserer Zeit stammenden Airliner noch so viel Sympathiewerbung betrieben werden kann, das wird sich erst erweisen müssen. Die Popularität der Ju 52 scheint allerdings so unübertrefflich zu bleiben wie sie es in den letzten Jahrzehnten schon immer gewesen war.

dung und mit der Bereitschaft, diese Fähigkeit auch zu nutzen, bleibt der Mensch das Maß aller Dinge. Das war auch in den Tagen der Ju 52 nicht anders."

Traditionspflege heißt also nicht nur, ein seltenes Stück Technikgeschichte zu erhalten, einen Oldtimer vor dem Vergessen zu bewahren oder den Flugzeugfans den Genuß donnernder Motoren zu bieten. Vielmehr wurden die Restaurierung und der Flugbetrieb der alten Ju 52 zu einem Lehrstück dafür, welche Qualitäten der Mensch entfalten kann, wenn er gefordert wird. Und auch diese Fähigkeiten haben Tradition.

Ein fliegendes Denkmal ist sie allemal, die Tante Ju, doch sie beweist darüberhinaus, daß persönliches Engagement und Begeisterung noch immer die Triebfedern für überdurchschnittliche Leistungen sind.

Fasziniert sind sie alle von diesem guten Stück aus alter Zeit: die Piloten ebenso wie die Techniker, die Zuschauer am Rande der Flugplätze und ganz besonders die glücklichen Passagiere, die in der Ju 52 einen Rundflug miterleben können. Die robuste Verfassung der Tante Ju und die sorgfältige Pflege lassen auch hoffen, daß sie noch lange Jahre ihren Dienst als Traditionsflugzeug der Lufthansa leisten kann.

Den Flugbetrieb der Tante Ju organisiert die Lufthansa Traditionsflug GmbH; für Bodendienste stellte Audi zwei komfortable PKWs zur Verfügung.

Als Wellblech fliegen lernte

Kaum ein anderer hat so viel Pionierarbeit für die Entwicklung der Luftfahrt geleistet wie Professor Hugo Junkers, der Vater des Metallflugzeugs.

Es war am 12. Dezember 1915: Auf dem Militärflugplatz Döberitz bei Berlin stand ein Flugzeug, wie es die Welt noch nicht gesehen hatte. Denn die Flügel wuchsen ohne jede Verstrebung oder Verspannung aus dem Rumpf. Und wer sich die Maschine aus der Nähe genau besah, der entdeckte, daß sie ganz aus Blech gebaut war. In einer Zeit, als die Flugzeuge, meistens Doppeldecker, noch aus Holz und Stoff bestanden, mit vielen Drahtverspannungen zusammengehalten, bedeutete diese ganz neuartige Maschine eine Sensation. Konnte man mit einem ganz aus Metall hergestellten Flugzeug überhaupt fliegen? War es im Vergleich zu den filigranen „Drahtkommoden" der aviatischen Frühzeit nicht viel zu schwer?

Als erstes Flugzeug der Welt war die Junkers J 1 ganz aus Metall gebaut (oben).

Professor Hugo Junkers, Wissenschaftler und Flugzeugpionier, prägte zwei Jahrzehnte der Luftfahrtgeschichte.

Nivellierung einer Junkers F 13: Qualität wurde groß geschrieben in den deutschen Flugzeugwerken.

An diesem Wintertag mitten im Ersten Weltkrieg sollte der Erstflug gewagt werden: „Beim Rollen über das Flugfeld spürte ich ein starkes Schwanken der Flügel", berichtete Testpilot Leutnant von Mallinkrodt, „aber schon nach 40 Metern löste sich die Maschine von der Erde. Ich hatte mindestens mit einer Startstrecke von 250 Metern gerechnet." Auch die Landung gelang, und damit war der Beweis erbracht: Das erste Ganzmetallflugzeug der Welt, der „Blechesel" Junkers J1, konnte tatsächlich fliegen.

Daß diese technologische Revolution nicht von einem der damals bereits etablierten Flugzeugbauunternehmen stammte, sondern von einem Außenseiter, das verwunderte kaum. Denn die Konstrukteure dieser Zeit waren darauf fixiert, daß ein Flugzeug in erster Linie leicht zu sein habe.

Der Aachener Professor Hugo Junkers war es, der sich ein ganz anderes Ziel setzte: Ein möglichst günstiges Verhältnis von Auftrieb und Widerstand wollte er erreichen, und das ging nur, wenn man die Flügel einerseits ganz ohne jede Drahtverspannung, aber andererseits trotzdem so stabil bauen konnte, daß sie den Beanspruchungen des Fliegens standhielten.

Als Sohn eines Webereibesitzers war Hugo Junkers am 3. Februar 1859 im kleinen Städtchen Rheydt, westlich von Düsseldorf zur Welt gekommen. Er studierte Maschinenbau an den Technischen Hochschulen in Berlin, Karlsruhe und Aachen und gründete schon 1890 zusammen mit Wilhelm Oechelhäuser, dem Direktor der Deutschen Continental-Gasgesellschaft die „Versuchsstation für Gasmotoren von Oechelhäuser und Junkers". Und kurze Zeit später lief bereits der erste Zweitakt-Gegenkolben-Gasmotor – ein völlig neues Prinzip. Die Entwicklung von Motoren, später vor allem für den Antrieb von Flugzeugen,

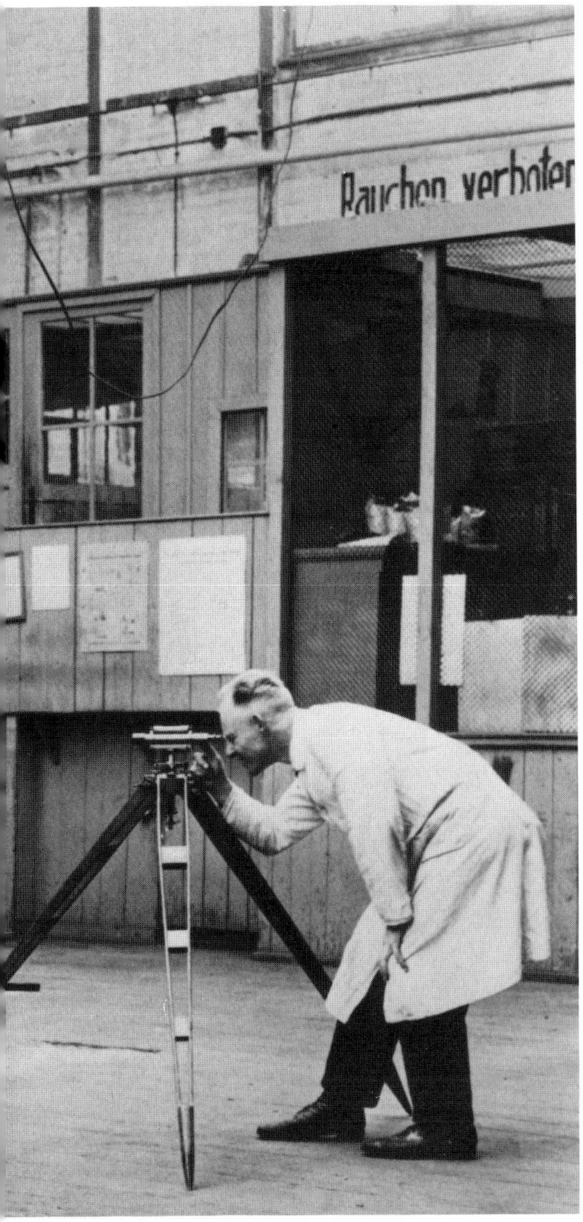

sollte Zeit seines Lebens eine der großen Leistungen von Hugo Junkers bleiben.

Für die Luftfahrt interessierte er sich damals noch nicht. Zwar hatte es Otto Lilienthal schon 1891 geschafft, als erster Mensch mit einem Gleitflugzeug „schwerer als Luft" zu fliegen, aber Hugo Junkers hatte anderes im Sinn. Er gründete in Dessau mit der „Junkers & Co." im Jahr 1895 eine eigene Firma, in der alles das produziert wurde, was er im Laufe der Jahre an nützlichen Dingen erfunden hatte, vor allem die neuartigen, mit Gas betriebenen Badeöfen und Heizgeräte, aber auch das Kalorimeter, ein Gerät zum Messen des Heizwertes von flüssigen oder gasförmigen Brennstoffen.

Die Wärmetechnik war zum wichtigsten Arbeitsgebiet des Hugo Junkers geworden, und im Jahr 1897 wurde er schließlich Professor für Thermodynamik an der TH Aachen. Ein zweites Unternehmen, das „Kaloriferwerk Hugo Junkers" war inzwischen ebenfalls in Dessau entstanden, es produzierte Luftheizungsapparate, Röhren-Radiatoren und Ventilatoren. Und mit den inzwischen reichlich fließenden Erträgen aus diesen beiden Werken finanzierte Hugo Junkers auch seine Arbeiten am Maschinenbaulaboratorium in Aachen. So entstand seine Maxime von der „eigenwirtschaftlichen Forschung": Hugo Junkers verfolgte ganz bewußt das Ziel, mit den Erträgen aus der Produktion seine eigenen Forschungsarbeiten zu finanzieren.

Aber dann kam die große Wende im Leben des Hugo Junkers. Die Brüder Wright hatten 1908 in Europa ihr Motorflugzeug demonstriert, Louis Blériot schaffte 1909 den ersten Flug

Serienbau der F 13: Von diesem ersten Ganzmetall-Verkehrsflugzeug der Welt wurden 322 Exemplare produziert.

Eine Vision: Nurflügler für 100 Passagiere

Seiner Zeit war Professor Hugo Junkers weit voraus, als er 1923 das Projekt J 1000 vorstellte. Es sollte ein für damalige Begriffe riesiges Verkehrsflugzeug mit 80 Metern Spannweite werden. Für die 100 Passagiere waren komfortable Kabinen im meterdicken Flügel vorgesehen, während in den beiden Rümpfen Aufenthalts- und Speisesäle geplant waren. Mit vier Dieselmotoren von insgesamt 3000 PS wäre eine Reisegeschwindigkeit von 200 km/h möglich gewesen.

Bei Gründung der Lufthansa gehörten 48 Junkers F 13 zur Flotte von insgesamt 162 Flugzeugen. Im Bild rechts das Betanken einer F 13 im Jahr 1926.

über den Ärmelkanal, und auch in Deutschland erregten Hans Grade und August Euler mit ihren Flugzeugen viel Aufsehen. Hugo Junkers ließ sich von dieser neuen Art der Fortbewegung inspirieren. Seinem Professoren-Kollegen Hans Reißner half er beim Bau eines skurrilen Fluggeräts, aber schon bald spürte er, daß ganz neue Ideen nötig waren, um wirklich brauchbare Flugmaschinen entwickeln zu können.

Wie weit voraus seine Gedanken bereits damals eilten, das zeigte sein Patent über ein Nurflügelflugzeug aus dem Jahr 1910: Alle Komponenten, die nicht der Erzeugung des Auftriebs dienten, sollten verschwinden: Im dicken Flügel war Platz für Motoren, Treibstoff, Fracht und Passagiere. In seinen Visionen entstanden bereits Verkehrsflugzeuge für 100 bis 1000 Passagiere. Aber Hugo Junkers war kein Phantast, er wußte nur zu genau, daß diese Ziele erst nach langen Jahren der Forschung und Entwicklung in greifbare Nähe rücken konnten. Heute erst sind seine Ideen mit den Jumbos der modernen Luftfahrt Wirklichkeit geworden.

Die wichtigsten Grundsteine dafür hatte aber Hugo Junkers schon damals gelegt. Er baute Windkanäle, um die besten Formen für die Flügel zu finden, und er untersuchte die Festigkeitseigenschaften von Metall: „Was ich aber hier wie sonst bei meinen Arbeiten wollte, war ein Vorstoßen in unbekanntes Land, eine Pionieraufgabe", schrieb er damals. „Eine solche Aufgabe war das Ganzmetallflugzeug mit verspannungslosem Flügel."

Aber die Probleme schienen zunächst unüberwindlich, denn als metallischer Werkstoff stand ihm nur das weiche, dünne Eisenblech zur Verfügung, wie es zum Bau von Transformatoren benutzt wurde. Wie sollte man daraus einen Flügel konstruieren, der zugleich fest und dennoch nicht zu schwer werden würde.

Man stelle sich doch nur ein acht Meter langes, eineinhalb Meter breites und ganze zwei Millimeter dickes Blech vor, das an einer Seite eingespannt wird, so schilderte Hugo Junkers selbst das Problem: „Das hängt doch herunter wie ein Lappen. Hier sollte es einen Träger bilden, der pro Quadratmeter einen Mann trägt. Das ist doch ein Ding der Unmöglichkeit."

Doch der Genius Junkers fand die Lösung. Man brauchte nur mit dem dünnen Blech einen Hohlkörper zu bilden, in dessen Innerem die tragenden Holme und Verstärkungen untergebracht waren. Damit hatte man einen metallenen Flügel, der fest genug war, und der zudem mit seinem aerodynamisch gut geformten Profil sehr viel Auftrieb und nur wenig Widerstand erzeugte.

Viel Forschungs- und Versuchsarbeit mußte noch geleistet werden, aber der Weg zum Ganzmetallflugzeug war frei – der „Blechesel" Junkers J1 wurde zu einem Meilenstein des Flugzeugbaus. Mit einem 120 PS starken Daimler-Motor erreichte das Unikum aus Eisenblech eine Geschwindigkeit von 170 Stundenkilometern, es war schneller als die meisten der zeitgenössischen Flugmaschinen.

Bald folgte denn auch der Serienbau von Jagd- und Aufklärungsflugzeugen, und Junkers wagte schon bald den Übergang vom Eisenblech auf das viel leichtere Duraluminium. Es ließ sich besonders stabil bauen, wenn man es in Wellen legte. So standen schon damals die wichtigsten Prinzipien fest, mit denen Junkers über Jahrzehnte hinweg zu einem führenden Flugzeugbau-Unternehmen heranwachsen sollte: freitragender Ganzmetall-Tiefdecker mit Wellblechhaut.

Erst als der Krieg zu Ende war, konnte Hugo Junkers an eine Aufgabe herangehen, die ihm schon lange vorgeschwebt hatte – er wollte ein

Wie fast alle Junkers-Typen konnte auch die F 13 statt dem Fahrwerk mit Schwimmern ausgerüstet werden, hier eine Maschine auf dem Kochelsee.

wirtschaftliches Verkehrsflugzeug schaffen. Zusammen mit seinem Konstrukteur Otto Reuter entstand innerhalb weniger Monate die Junkers F 13, das erste Ganzmetall-Verkehrsflugzeug der Welt, in dessen bequemer Kabine vier Passagiere Platz fanden.

Schon nach den ersten Flügen am 25. Juli 1919 wurde klar, daß Hugo Junkers damit ein großer Wurf gelungen war: „Das Flugzeug ist in fliegerischer, aerodynamischer und wirtschaftlicher Beziehung eine hervorragende Maschine", hieß es im Bericht des Versuchspiloten Monz, „neben einigen Eigentümlichkeiten, an die man sich gewöhnen muß, sind es nur noch unwesentliche Kleinigkeiten, die zu Beanstandungen Anlaß geben."

Wie groß das Leistungsvermögen der F 13 war, das konnte Junkers schon wenige Monate später unter Beweis stellen: Mit acht Personen an Bord stieg sie mit ihrem 185 PS BMW IIIa-Motor in 86 Minuten auf 6750 Meter, und das war neuer Höhenweltrekord. Damit wurde der Name Junkers schnell bekannt, und die ersten Aufträge für das neue Flugzeug ließen nicht lange auf sich warten: Schon 1920 wurden 73 Maschinen produziert, obwohl der Absatz durch die Baubeschränkungen des Versailler Friedensvertrages von 1919 stark behindert war. Aber der Erfolg dieses in jeder Hinsicht seiner Konkurrenz überlegenen Verkehrsflugzeugs war nicht mehr aufzuhalten.

So flog die amerikanische Postverwaltung mit acht Junkers F 13 die Strecken von New York nach Omaha und nach San Francisco und konnte dabei die Betriebskosten im Vergleich zu den vorher verwendeten Flugzeugen fast halbieren. Und dies, obwohl die F 13 mit zweieinhalbfacher Nutzlast über viel weitere Distanzen fliegen konnte. Im Dienst der kolumbianischen Fluggesellschaft Scadta überflog die F 13 im November 1920 erstmals die Anden, und später war dieses Flugzeug in fast allen Ländern auf dem südamerikanischen Kontinent zuhause.

Nach Japan wurde die erste F 13 im Jahr 1923 geliefert, und 1926 wurde mit der Strecke Shanghai–Peking der Luftverkehr in China eröffnet. Auch aus Afrika, Rußland und Australien kamen Bestellungen, und in Persien wurde eine Fluggesellschaft mit Beteiligung der Junkers-Werke gegründet: Die Strecke Teheran–Basra–Karatschi konnte 1926 mit der F 13 eröffnet werden.

In diesen Jahren der ersten großen Erfolge im Flugzeugbau vernachlässigte Hugo Junkers aber keineswegs seine wissenschaftliche Arbeit. Im Gegenteil: Die Forschungsanstalt in Dessau wurde immer mehr erweitert, und diese Symbiose zwischen dem wachsenden Unternehmen und den modernen Forschungseinrichtungen war einzigartig in der damaligen Industriewelt.

Mit der „Bremen" über den Atlantik

Eine Berühmtheit wurde die Junkers W 33 „Bremen": Mit diesem Flugzeug, einer verbesserten Weiterentwicklung der F 13 gelang 1928 erstmals der Flug über den Atlantik in Ost-West-Richtung. In New York wurde die Besatzung Köhl, Fitzmaurice und Hünefeld stürmisch gefeiert. Die „Bremen" steht heute in einem US-Museum.

Als verbesserte Weiterentwicklung der F 13 wurde die Junkers W 33 gebaut, hier im Einsatz als Frachtflugzeug (oben).

Die Firma Junkers engagierte sich ganz besonders beim Aufbau des Luftverkehrs in Persien; das Bild links zeigt eine F 13 auf dem Flugplatz von Teheran.

Die Junkers G 24 war das erste dreimotorige Verkehrsflugzeug der Lufthansa (oben).

Ein Pendelbus der Lufthansa brachte die in Berlin-Tempelhof gelandeten Passagiere in die Innenstadt; im Bild eine G 24 im Jahr 1928 (rechts).

Das Prinzip, für alle Komponenten des Systems Flugzeug, von den Werkstoffen über die Aerodynamik bis zu den Motoren eine wissenschaftliche Grundlage zu schaffen, und diese Aufwendungen durch die Erträge aus dem Flugzeug- und Motorenbau selbst zu finanzieren, das war das Geheimnis der großen Erfolge von Hugo Junkers. Als Henry Ford einmal die Junkers-Werke in Dessau besuchte, kam er aus dem Staunen nicht mehr heraus: „Aber das ist ja keine Fabrik hier bei Junkers, sondern eine Universität."

Hugo Junkers begnügte sich nicht damit, zu forschen und Flugzeuge zu bauen, sondern er organisierte selbst eine Fluggesellschaft – die Junkers Luftverkehr AG. Auch bei der Gründung von Fluggesellschaften im europäischen Ausland beteiligte sich Junkers und förderte damit ganz entscheidend den Absatz seiner Maschinen. Und als 1926 die Lufthansa aus der Fusion der Junkers Luftverkehr AG und der Deutschen Aero Lloyd AG entstand, gehörten zur noch ziemlich bunt zusammengewürfelten Flotte von rund 162 Flugzeugen nicht weniger als 62 Junkers F 13.

Die Maschine erfuhr immer wieder Verbesserungen, und sie wurde je nach Kundenwunsch mit den unterschiedlichsten Motoren geliefert: Man konnte die F 13 mit Daimler-, BMW- oder Junkers-Motoren kaufen, und für den Export baute Junkers auch englische Armstrong Siddeley-Triebwerke oder amerikanische Pratt & Whitney-Motoren ein. Bis 1932 lief die Serienproduktion von insgesamt 322 Maschinen. Die F 13 war zum Urvater aller modernen Verkehrsflugzeuge und zum Grundstein des wirtschaftlichen Luftverkehrs geworden.

Es gab immer mehr Strecken, und immer mehr Passagiere. So mußte Hugo Junkers darangehen, ein größeres Flugzeug auf den Markt zu bringen. Die hervorragenden Erfahrungen mit der einmotorigen F 13 wurden auf die G 24 übertragen, ein dreimotoriges Verkehrsflugzeug für neun Passagiere.

Schon 1926, im Gründungsjahr der Lufthansa bewies dieser neue Typ seine enorme Leistungsfähigkeit und Zuverlässigkeit: Zwei G 24 flogen von Berlin nach Peking, um diese für die Zukunft so wichtige Fernostroute zu erkunden. Von den 19 Maschinen, die Lufthansa im selben Jahr in Betrieb nahm, wurden die meisten auf den Europastrecken eingesetzt.

Aber auch einmotorige Maschinen waren nach wie vor gefragt. So brachte Junkers im Jahr 1926 die W 33 heraus, eine Weiterentwicklung der F 13. Als Frachtflugzeug, für Schulungszwecke und für Luftbildeinsätze wurde sie gebaut, und als Passagierflugzeug konnte sie mit sechs Sitzen ausgestattet werden.

Weltberühmt wurde die W 33 „Bremen", mit der die drei Flieger Hermann Köhl, Freiherr von Hünefeld und der irische Fliegermajor

In einigen G 24 der Lufthansa stand den Passagieren sogar eine Schreibmaschine zur Verfügung.

Fitzmaurice 1928 erstmals den Nordatlantik in Ost-West-Richtung überquerten – ein Jahr, nachdem Charles Lindbergh dieses Bravourstück im Alleinflug von New York nach Paris geschafft hatte. Weitere spektakuläre Fernflüge führten unter der Flagge der Lufthansa nach Sibirien, nach Tokio und nach Arabien. Ganz Deutschland hielt den Atem an, als der Flieger Hans Bertram im Jahr 1932 auf seinem Australienflug mit der W 33 „Atlantis" nach einer Notlandung verschollen war. Erst sechs Wochen später wurde er zusammen mit seinem Mechaniker Klausmann, beide dem Erschöpfungstod nahe, an der australischen Westküste von Eingeborenen gefunden.

Für den Luftverkehr bedeutete die dreimotorige Junkers G 31, eine verbesserte Weiterentwicklung der G 24, einen bedeutenden Fortschritt. Diese 15sitzige Maschine wurde als „fliegender Speisewagen" bekannt, denn in diesem sehr geräumigen Flugzeug mit seiner Bordküche konnte die Lufthansa als eine der ersten Fluggesellschaften der Welt Speisen und Getränke servieren. Und auf Nachtflügen konnten zehn Sitze zu bequemen Liegen verwandelt werden.

Die erste an Lufthansa gelieferte Junkers G 31 wurde auf den Namen „Hermann Köhl" getauft – in Anerkennung der ersten Atlantik-Überquerung in Ost-West-Richtung (unten und ganz unten).

Bis in die hintersten Winkel der Welt hatte sich inzwischen der gute Ruf der Junkers-Flugzeuge verbreitet. So kaufte die „Guinea Airways" neben einigen W 34, den stärkeren Ausführungen der W 33 auch zwei Junkers G 31, um damit die ganz von der Welt abgeschlossenen Goldminen von Bulolo zu kolonisieren. „Eine ganze Stadt verdankt ihre Existenz den deutschen Flugzeugen", hieß es in einem zeitgenössischen Bericht. In einer besonders spektakulären Aktion wurden dabei vier komplette Bagger von je 1200 Tonnen Gewicht in Einzelteilen zerlegt mit den Junkers-Frachtmaschinen durch die Luft herangeschafft.

Ab 1928 flog die G 31 auf den Lufthansa-Strecken von Hamburg und Berlin über Amsterdam nach London, und von Berlin nach Königsberg, Paris und Wien. Und am 24. Mai 1928 rollte eine G 31 als das eintausendste Junkers-Flugzeug aus der Montage – kaum neun Jahre, nachdem mit der F 13 die Ära der modernen Ganzmetallflugzeuge ihren Anfang genommen hatte.

Aber Hugo Junkers hatte in all den Jahren des kommerziellen Erfolges seine ursprüngliche Idee des Nurflügel-Flugzeugs nie aus den Augen verloren. Nach vielen Vorstudien auf der Basis des historischen Nurflügel-Patentes von 1910 wurde schließlich die Entwicklung der Junkers G 38 begonnen: Sie sprengte mit 44 Metern Spannweite – fast auf den Zentimeter genau so viel wie der Airbus A310 – alle Dimensionen des damaligen Flugzeugbaus.

Die G 31 galt als „fliegender Speisewagen", in der Bordküche zubereitete Erfrischungen (oben) wurden von Stewards in der geräumigen Kabine serviert (Mitte). Der Funker sorgte für die Verständigung zu den Bodenstellen (links).

Am 6. November 1929 startete der viermotorige Gigant zu seinem Erstflug, und die Welt staunte über diese neuerliche Leistung von Hugo Junkers. Die G 38 war das damals größte Landflugzeug der Welt.

In ihren Dimensionen wurde sie nur vom zwölfmotorigen Großflugschiff Dornier Do X übertroffen, das im selben Jahr die Erprobung aufnahm. Aber im Gegensatz zur Do X ging die G 38 ab Frühjahr 1931 in den Liniendienst der Lufthansa.

Für die Passagiere bedeutete das Fliegen in dieser Riesenmaschine ein besonderes Erlebnis, denn ein Teil der Sitze war in den verglasten Vorderkanten der mehr als zwei Meter dicken Flügel eingebaut, so daß man einen ungehinderten Panorama-Ausblick direkt nach vorne genießen konnte. In der großen, doppelstöckigen Kabine der G 38 fanden 34 Passagiere Platz, und daß auch in diesem Flugzeug ein Bordservice geboten werden konnte, das verstand sich schon fast von selbst.

Die viermotorige Junkers G 38 war das größte Landflugzeug seiner Zeit. Die Passagiere saßen in der großen Kabine im Rumpf (oben), konnten aber auch im über zwei Meter dicken Flügel Platz nehmen, um den Panoramablick nach vorne zu genießen (rechts).

Dieses Flaggschiff der Lufthansa wurde einige Jahre lang mit großem Erfolg auf den Strecken von Berlin nach London, Frankfurt, Stockholm und München eingesetzt. So schrieb die Lufthansa in einem Bericht aus dem Jahr 1939: „Die G 38 ist die ‚Großmutter' der modernen Verkehrsflugzeuge geworden. Aber sie ist, wie jedes andere Junkers-Flugzeug auch, nicht klein zu kriegen. Und sie wird, so wollen wir hoffen, noch uralt werden." Doch mit dem Ausbruch des Zweiten Weltkriegs wurden diese Hoffnungen zunichte gemacht: Die G 38 mußte der Luftwaffe als Transportflugzeug übergeben werden, und sie endete 1941 auf dem Athener Flugplatz im Kugelhagel englischer Jagdflugzeuge.

Zurück ins Jahr 1930: Hugo Junkers und seine Experten beschäftigte immer wieder der Gedanke, ein neues Spezial-Frachtflugzeug zu entwickeln. Denn die hervorragenden Erfahrungen mit der Typenreihe von der F 13 über die W 33 bis zur G 31 hatten gezeigt, daß nicht nur der Passagierverkehr, sondern auch der

Als einmotorige Frachtmaschine entstand 1930 die erste Ju 52/1m, sie wurde als „fliegender Möbelwagen" bekannt (oben).

AB 1932 bahnte sich der große Erfolg der dreimotorigen Ju 52/3m an, sie fand schon bald viele Kunden im Ausland, so in Rumänien (rechts) und in Schweden (rechts unten).

Eine mit Schwimmern ausgerüstete Ju 52 in den Farben der brasilianischen Fluggesellschaft „Syndicato Condor Ltda.", an deren Aufbau die Lufthansa entscheidend mitgewirkt hatte (oben).

Auch in Großbritannien wurde die Ju 52 als Passagierflugzeug eingesetzt (Mitte).

Die „South African Airways" nahm schon kurz nach ihrer Gründung einige Ju 52 in ihre Flotte auf (links).

Schon bald wurde die Ju 52 zum Standardflugzeug der Lufthansa-Flotte, hier bei der Gepäck- und Postverladung vor dem Flug von Berlin über München und Venedig nach Rom.

Transport von Gütern eine große Zukunft hatte. Sein Konstruktionschef Ernst Zindel erinnerte sich: „Junkers wollte schon damals einen eigenwirtschaftlichen internationalen Luftfrachtverkehr aufbauen. Wie es sich zeigte, war er auch mit dieser Idee der allgemeinen Entwicklung um einige Jahre voraus."

Im Jahr 1930 also entschloß sich Junkers zur Entwicklung einer neuen Maschine, die in erster Linie als Frachtflugzeug, darüberhinaus aber auch für den Passagiertransport geeignet sein sollte. „Da Junkers aber bei einem eigenwirtschaftlichen, also nicht staatlich subventionierten Luftfrachtverkehr besonders an die technisch und verkehrsmäßig noch wenig erschlossenen Länder und Kontinente dachte", so berichtete Ernst Zindel später, „mußten besonders hohe Anforderungen gestellt werden." Und dazu gehörten Zuverlässigkeit, Einfachheit in der Wartung, kurze Start- und Landestrecken und gute Flugeigenschaften.

Für den Passagierverkehr waren zudem noch die Forderungen nach Sicherheit, guten Flugleistungen und Komfort zu erfüllen. Es war wie die Quadratur des Kreises: Für den Frachteinsatz schien ein einmotoriges Flugzeug die wirtschaftlich beste Lösung zu sein, für den Passagiereinsatz wollte man aber aus Sicherheitsgründen drei Motoren haben.

Das war die Geburtsstunde der Ju 52. Am 11. September 1930 startete sie zum Erstflug, zunächst in der einmotorigen Ausführung mit einem 685 PS starken BMW VII. „Entsprechend den Erfahrungen im Frachtverkehr, welche dem Junkers-Flugzeugwerk sowohl aus seinem eigenen Luftverkehr in Persien wie auch von den verschiedenen erfolgreichen europäischen Luftfrachtlinien zuflossen", schrieb Ernst Zindel, „wurden, um die Verladung großer Frachteinheiten zu ermöglichen, besonders große Ladeöffnungen in den Seitenwänden (zum Verladen von der Plattform aus) wie in der Decke (Beladung mittels Kran von oben; besonders wichtig für Seeflugzeuge!) vorgesehen." Denn wie alle anderen Junkers-Typen vorher, sollte auch die Ju 52 sowohl auf Rädern, als auch auf Schwimmern eingesetzt werden können.

Von der einmotorigen Ju 52 wurden allerdings nur wenige Exemplare gebaut. Es zeigte sich sehr schnell, daß dieser neue Typ ganz entgegen der ursprünglichen Absicht vor allem als Passagiermaschine gefragt sein würde. Aber die Konstrukteure hatten vorgesorgt und die Struktur von Anfang an so ausgelegt, daß auch in den Flügeln Motoren eingebaut werden konnten. So entstand schon wenige Monate später, im Frühjahr 1931, eine neue Version mit der Bezeichnung Ju 52/3m (für dreimotorig), und so sollte dieser Typ zum berühmtesten der ganzen Junkersgeschichte werden.

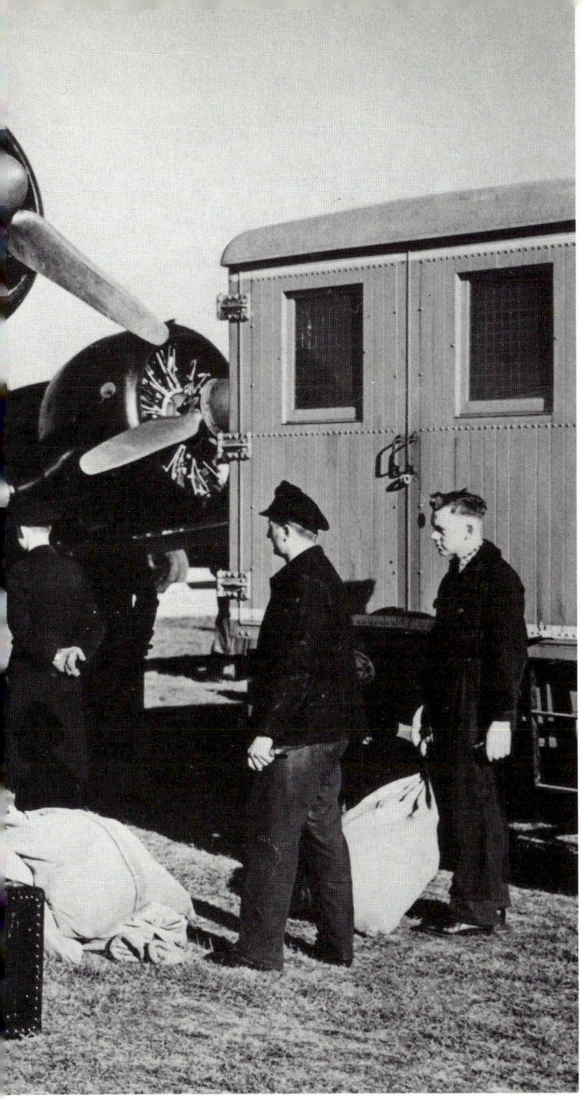

Die neue Ju 52 wurde zum „Schicksalsflugzeug" für Hugo Junkers. Eine Wende zeichnete sich ab, als schon 1932 die Lufthansa die ersten Maschinen übernahm. Und im selben Jahr ging die Ju 52 beim Alpenrundflug während des Züricher Flugmeetings als Sieger gegen die scharfen Konkurrenten Dornier Do K3 und Fokker F XII hervor.

Wie sicher und stabil die Ju 52 selbst in Extremfällen war, das mußte sie schon beim Rückflug von Zürich auf dramatische Weise unter Beweis stellen: Nördlich von München wurde sie in der Nähe des Flugplatzes Oberschleißheim von einem Schuldoppeldecker Udet U 12 „Flamingo" frontal gerammt, aber trotz erheblicher Schäden am Rumpf, am Fahrwerk und am Leitwerk blieb die Ju 52 noch kontrollierbar, und Flugkapitän Willy Polte konnte sie auf freiem Feld notlanden.

Die Qualitäten der „Tante Ju" sprachen sich schnell herum: Immer mehr Aufträge kamen aus dem In- und Ausland herein. Jetzt stand Junkers vor dem Problem, die Serienproduktion so wirtschaftlich wie möglich zu organisieren: „Die Möglichkeiten einer genauen Arbeitsplanung für dieses komplizierte Fertigungsobjekt klar erkannt und ein zwangsläufiges Taktverfahren in den modernen Flugzeugbau eingeführt zu haben, ist auch ein Verdienst

Mit den drei luftgekühlten Sternmotoren des Typs BMW 132A mit ihrer Startleistung von je 660 PS erreichte die Ju 52 eine Höchstgeschwindigkeit von 270 Stundenkilometern. Bei reduzierter Geschwindigkeit von 230 Stundenkilometern konnte sie mit 2000 Kilogramm Nutzlast eine Strecke von 1400 Kilometern zurücklegen.

Um besonders kurze Start- und Landestrekken zu erzielen, hatte Junkers in der Ju 52 eine technische Neuerung eingeführt, die sich außerordentlich bewährte – den typischen Junkers-Doppelflügel, dessen Funktion Ernst Zindel so erklärte: „Der äußere Teil dieser Hilfsflügel war von dem inneren Teil getrennt und wurde neben seinem primären Zweck, der Vergrößerung der Auftriebsbeiwerte bei Start und Landung, auch als Querruder verwendet."

Bei aller Befriedigung über den auf Anhieb gelungenen Entwurf der Ju 52 hatte Hugo Junkers in dieser Zeit allerdings erhebliche Sorgen. Die Weltwirtschaftskrise machte auch vor der Entwicklung des Luftverkehrs nicht halt, und die Junkers Flugzeugwerk AG steckte in ernsthaften finanziellen Problemen. Die Zahlungsunfähigkeit eines großen Kunden, der Borsig-Werke, verschärfte die Situation, und die Junkers Flugzeugwerk AG kämpfte ums Überleben.

Die schnell abnehmbaren Flügelteile der Ju 52 erlaubten eine sehr einfache Kontrolle der Maschine (unten).

Mit ihrem klaren und stabilen Aufbau wurde die Ju 52 zu einem der sichersten Flugzeug der Welt (ganz unten).

von Junkers", so schrieb Ernst Zindel. Die Ju 52 wurde zum ersten Großserienflugzeug der Welt.

Das Jahr 1933 brach an. Hugo Junkers hatte trotz aller wirtschaftlichen Schwierigkeiten immer wieder mit großer Zähigkeit sein Prinzip der „Pionierforschung" verteidigt. In der engen Verbindung zwischen den Produktionsstätten und seinen Forschungseinrichtungen sah er die ideale Voraussetzung für die wissenschaftlich fundierte Entwicklung moderner Flugzeuge.

Doch seine Gegner innerhalb und außerhalb des Unternehmens formierten sich: Von der nationalsozialistischen Regierung wurde Hugo Junkers unter unwürdigen Umständen enteignet. Seine Werke gingen in Staatsbesitz über, er durfte sie ab Oktober 1933 nicht mehr betreten. Schon ein Jahr zuvor hatte Hugo Junkers in einem berühmt gewordenen Vortrag in Essen gesagt: „Wenn alles schiefzugehen scheint, kommt es auf die seelischen Kräfte an. Sie sind es immer, von denen schließlich der Erfolg abhängt."

Trotz dieser bitteren Niederlage resignierte Hugo Junkers nicht völlig. Er verließ Dessau und arbeitete in Gauting bei München an einer neuen futuristischen Idee: Er wollte ganze Städte und riesige Hochhäuser in Leichtmetallbauweise entwickeln. Dazu sollte es nicht mehr kommen. Hugo Junkers starb am 3. Februar 1936, genau an seinem 76. Geburtstag.

Die Junkers Flugzeugwerk AG wuchs indessen mit Staatsaufträgen zu einem riesigen Konzern heran. Auf der Grundlage der enormen Forschungsleistungen von Hugo Junkers konnten viele neue Flugzeugtypen entwickelt werden. Mit dem einmotorigen, sechssitzigen Schnellverkehrsflugzeug Ju 60 hatte schon Hugo Junkers im Jahr 1932 die Wellblech-Ära verlassen und für die Rumpfbeplankung glattes, widerstandsarmes Blech verwendet, die verbesserte Ju 160 hatte dann überhaupt kein Wellblech mehr.

Nun entstand im Jahr 1934 die zweimotorige Ju 86. Als erstes Serienflugzeug der Welt war diese Maschine mit Dieselmotoren ausgerüstet, mit dem 600 PS starken Jumo 205: Auch er gehörte zu den Pionierleistungen von Hugo Junkers. Denn er hatte schon seit vielen Jahren an der Entwicklung von leistungsfähigen, sparsamen Rohölmotoren gearbeitet. Mit dem von ihm verfolgten Gegenkolbenprinzip war es gelungen, das Gewicht eines Diesels so weit zu drücken, daß nun endlich eine Verwendung als Flugmotor möglich war.

In den folgenden Jahren wurden eine ganze Reihe von neuen Flugzeugen, auch solche von anderen Herstellern wie Dornier oder Blohm & Voss, mit diesen sparsamen Flugdieseln ausgeüstet. Damit konnten Distanzen von einigen tausend Kilometern überbrückt werden, wie sie mit den damals üblichen Benzin-Motoren nicht denkbar gewesen wären: Der Junkers-Dieselmotor hatte großen Anteil an der Erschließung des Luftverkehrs über den Nord- und Südatlantik.

Die mit zehn Passagiersitzen ausgestattete Ju 86 wurde von der Lufthansa in 15 Exemplaren ab 1936 allerdings vorwiegend im innerdeutschen Verkehr eingesetzt. Später machte dieser Typ bei Luftwaffe Karriere als Bomber und

Höhenaufklärer. Wie auch bei anderen Flugzeugen, die in diesen Jahren entstanden, war die militärische Verwendungsmöglichkeit schon von Anfang an bei der Entwicklung berücksichtigt worden.

Den Höhepunkt der Verkehrsflugzeug-Familie mit dem Markenzeichen Junkers bildete aber die viermotorige Ju 90. „Der große Dessauer", wie der Prototyp genannt wurde, war neben der ebenfalls viermotorigen Focke-Wulf 200 „Condor" das modernste und leistungsfähigste Großverkehrsflugzeug der Welt. Die Flügel hatten eine Spannweite von 35,20 Metern, und der Rumpf mit einer Länge von 26,30 Metern bot in seiner Kabine bis zu 40 Passagieren Platz. Mit ihren je 1000 PS starken BMW 132-Motoren erreichte die Ju 90 eine Reisegeschwindigkeit von 320 Stundenkilometern und eine Reichweite von rund 2000 Kilometern.

Ganz neu war an dieser Maschine, daß die sogenannten „Schnellwechsel-Triebwerke" in kaum einer halben Stunde Arbeitszeit ausgetauscht werden konnten. Das sparte Zeit und Kosten bei den Wartungsarbeiten. Die Lufthansa setzte ab 1938 die großen Ju 90 auf einigen ihrer Europa-Strecken ein.

Welche Zukunftsmöglichkeiten in diesem Entwurf steckten, das zeigte sich an den späteren

Als erstes Serienflugzeug der Welt war die Junkers Ju 86 mit Dieselmotoren ausgerüstet, sie flog im innerdeutschen Liniendienst der Lufthansa.

Das Schnellverkehrsflugzeug Ju 60, dessen Rumpf bereits mit Glattblech beplankt war – das Ende der Wellblech-Ära zeichnete sich ab.

Weiterentwicklungen Ju 290 und Ju 390. Das modene Konzept dieser Maschinen hätte sie dafür prädestiniert, zu hervorragenden Langstrecken-Airlinern zu werden, vergleichbar mit den Typen Douglas DC-6 oder Lockheed Constellation der Nachkriegszeit. Aber die Kriegsereignisse verhinderten die zivilen Einsätze. Die Junkers-Großflugzeuge leisteten ihren Militärdienst als Fernaufklärer und Bomber.

Hugo Junkers mußte den totalen Niedergang der deutschen Flugzeugindustrie am Ende des Krieges nicht mehr erleben. Aber seine in aller Welt unbestrittenen Pionierentwicklungen hatten Meilensteine in der Luftfahrt gesetzt.

Mit seinem Namen verbanden sich sowohl wissenschaftlich-technische Spitzenleistungen als auch Begriffe wie Sicherheit, Zuverlässigkeit und Wirtschaftlichkeit. Junkers-Flugzeuge waren auf allen Kontinenten die Wegbereiter des modernen Luftverkehrs, und Junkers-Flugzeuge waren es, die auch den Ruf der Lufthansa in den zwanziger- und dreißiger Jahren in aller Welt ganz entscheidend prägten.

Sein Rang als Forscher und Unternehmer ist kaum zu überschätzen: Man muß ihn in eine Reihe stellen mit Namen wie Werner Siemens und Robert Bosch, Gottlieb Daimler, Carl Friedrich Benz und Rudolf Diesel. Das Buch „Die großen Deutschen" aus dem Jahr 1957 pries besonders seine Fähigkeit, „neue erfinderische Gedanken nicht nur hervorzubringen, sie wissenschaftlich zu klären und technisch bis zur praktischen Brauchbarkeit fortzuentwickeln, sondern sie danach auch noch wirtschaftlich zum Erfolg zu führen."

Viele Zeitgenossen bewunderten an Hugo Junkers neben seinen fachlichen Leistungen aber auch seine menschliche Wärme, seine Kämpfernatur, sein einfaches, geradezu asketisches Leben, aber auch sein soziales Engagement.

Die rasante Entwicklung der Luftfahrt in den Jahrzehnten der Nachkriegszeit hat zweifellos den Blick verstellt für die Leistungen der Pioniere. Zum 50. Todestag von Hugo Junkers versuchte Ludwig Bölkow die Bedeutung dieses Mannes wieder etwas zurechtzurücken: „Ein genialer, hart arbeitender Techniker und Unternehmer, der mit seinem Glauben an die Möglichkeiten der ‚Eigenwirtschaftlichkeit der Forschung' der Welt ganz entscheidende Fortschritte hinterließ."
Zu seinen größten Leistungen gehörte die legendäre Ju 52, die eine ganze Ära des Luftverkehrs prägte.

Der kleine Mann am Fahrwerk der Ju 90 verdeutlicht, wie groß diese viermotorige Verkehrsmaschine war (links).

Die Krönung einer langen Entwicklungsreihe: Das viermotorige Großraumverkehrsflugzeug Junkers Ju 90 für 40 Passagiere.

Die Ära Ju im Luftverkehr

Als die Flugzeuge richtig zu fliegen gelernt hatten, wurde aus dem Abenteuer der Pioniere ein sicheres und zuverlässiges Verkehrsmittel der Neuzeit.

Goldgräberstimmung herrschte in den frühen zwanziger Jahren, als das Flugzeug für den Luftverkehr entdeckt wurde. Es war die Gründerzeit vieler Fluggesellschaften, die mit umgebauten Kriegsmaschinen versuchten, Passagier- und Postdienste im Inland und über die Grenzen hinweg in die Nachbarländer aufzubauen.

Daß ziviler Luftverkehr überhaupt möglich war, das hatten schon vor dem Ersten Weltkrieg die Zeppeline der im Jahr 1909 gegründeten Deutschen Luftschiffahrts AG (DELAG) bewiesen, des ersten Luftverkehrsunternehmens der Welt: Immerhin wurden bis 1914 bereits 34028 Passagiere mit diesen sehr schnell populär gewordenen Riesenzigarren befördert. Und es schien zunächst so, als ob dem Prinzip „leichter als Luft" die Zukunft der Passagierluftfahrt gehören sollte.

Schon bald nach dem Ende des Ersten Weltkriegs nahm die DELAG mit einem neu gebauten Zeppelin die Liniendienste auf. Aber die Siegermächte forderten die Auslieferung dieses und eines weiteren inzwischen fast fertiggestellten Luftschiffes, sie mußten als Reparationsleistungen nach Frankreich und Italien überführt werden. Erst im Herbst 1928 gelang mit dem neuen, großen Luftschiff LZ 127 „Graf Zeppelin" ein glänzendes Comeback: Von Friedrichshafen aus wurden regelmäßig Transatlantikfahrten in die USA durchgeführt, ab 1932 auch nach Südamerika. 1936 wurde mit der LZ 129 „Hindenburg" ein zweites Groß-Luftschiff in Dienst gestellt, aber zwei Jahre später kam es zur Katastrophe: Die LZ 129 verbrannte am 6. Mai 1937 bei der Landung in Lakehurst, und damit war die stolze Ära der zivilen Luftschiffahrt abrupt zu Ende gegangen.

Zurück ins Jahr 1919. In Berlin wurde die

Ab 1933 wurde die Ju 52 im Liniendienst eingesetzt, zuerst auf Strecken innerhalb Europas, später auch in Ostasien und in Südamerika.

Lange Zeit waren Luftschiff und Flugzeug Konkurrenten im Luftverkehr. Im Bild der LZ 127 „Graf Zeppelin" über einer Ju 52.

Reger Luftverkehr in Berlin-Tempelhof: Eine Junkers Ju 86 donnert über eine Ju 52, die gerade betankt wird.

UFTHANSA
AEG
AEG

Deutsche Luftreederei GmbH als erste deutsche Fluggesellschaft zugelassen. Und als im Februar dieses Jahres der Liniendienst auf der kurzen Strecke von Berlin-Johannisthal nach Weimar aufgenommen wurde, war dies der historische Beginn des deutschen Luftverkehrs mit Flugmaschinen „schwerer als Luft“ – die Konkurrenz zum Luftschiff kündigte sich an.

Noch im selben Jahr eröffneten einige andere Fluggesellschaften ihre Liniendienste, und vor allem die Hersteller von Flugzeugen waren daran interessiert, diesen aussichtsreichen Absatzmarkt für ihre Produkte zu fördern. Sie beteiligten sich an neuen Fluggesellschaften oder bauten Luftverkehrsdienste sogar in eigener Regie auf.

Eine besonders aktive Rolle spielte in dieser Zeit die Firma Junkers: Mit dem einmotorigen Tiefdecker F 13 war das erste Ganzmetallverkehrsflugzeug der Welt entstanden, und es zeigte sich den notdürftig für zivile Zwecke umgebauten Militärflugzeugen von Anfang an überlegen. Junkers beteiligte sich zunächst an einer Reihe kleinerer Fluggesellschaften im In- und Ausland und stattete sie mit Flugzeugen aus. Schon bald entstand bei Junkers eine Abteilung Luftverkehr, und im August 1924 wurde schließlich die eigenständige Firma Junkers Luftverkehr AG gegründet.

Schon im Februar 1923 aber war durch den Zusammenschluß einiger anderer Fluggesellschaften, einschließlich der Deutschen Luftreederei die Deutsche Aero Lloyd AG entstanden, und nun entbrannte zwischen diesen beiden Gesellschaften ein heftiger Konkurrenzkampf: Fast alle der insgesamt 70 Flughäfen,

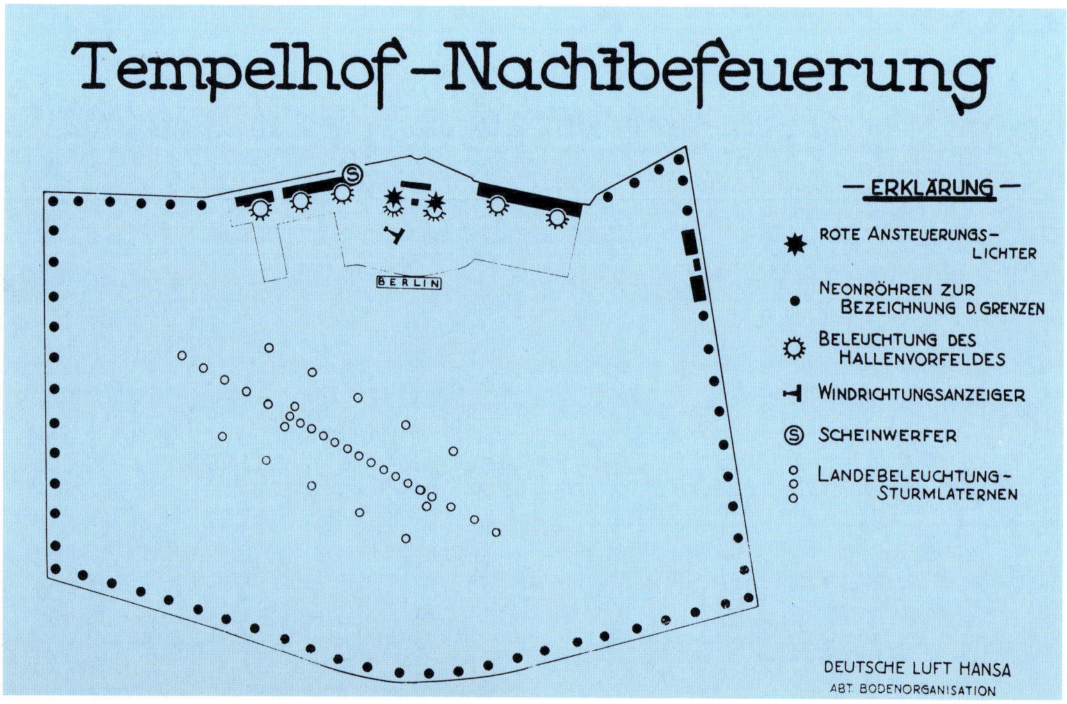

Die Nacht war kein Hindernis mehr für den regelmäßigen Linienverkehr (unten), und die Flughäfen waren bereits mit Befeuerungsanlagen ausgerüstet (rechts).

die es damals in Deutschland gab, wurden sowohl von der Junkers Luftverkehr AG als auch von der Deutschen Aero Lloyd AG angeflogen, und beide Gesellschaften konnten nur mit massiven staatlichen Subventionen überleben.

Diesen ruinösen Wettbewerb versuchte die Reichsregierung zu beenden. Sie erzwang die Fusion der beiden Fluggesellschaften, und so entstand am 6. Januar 1926 die Deutsche Luft Hansa AG: Damit begann ein völlig neues Kapitel im deutschen Luftverkehr.

Vom Junkers-Luftverkehr wurden die Farben blau und gelb übernommen, vom Aero Lloyd das Zeichen des Kranichs. Die Idee zum Namen der jungen Gesellschaft, der an die Tradi-

Innerhalb kurzer Zeit hatte sich die Ju 52 so ausgezeichnet bewährt, daß sie zum Standardflugzeug der Lufthansa-Flotte wurde. Die „Tante Ju“ beherrschte das Bild auf dem Flughafen Berlin-Tempelhof (oben und links).

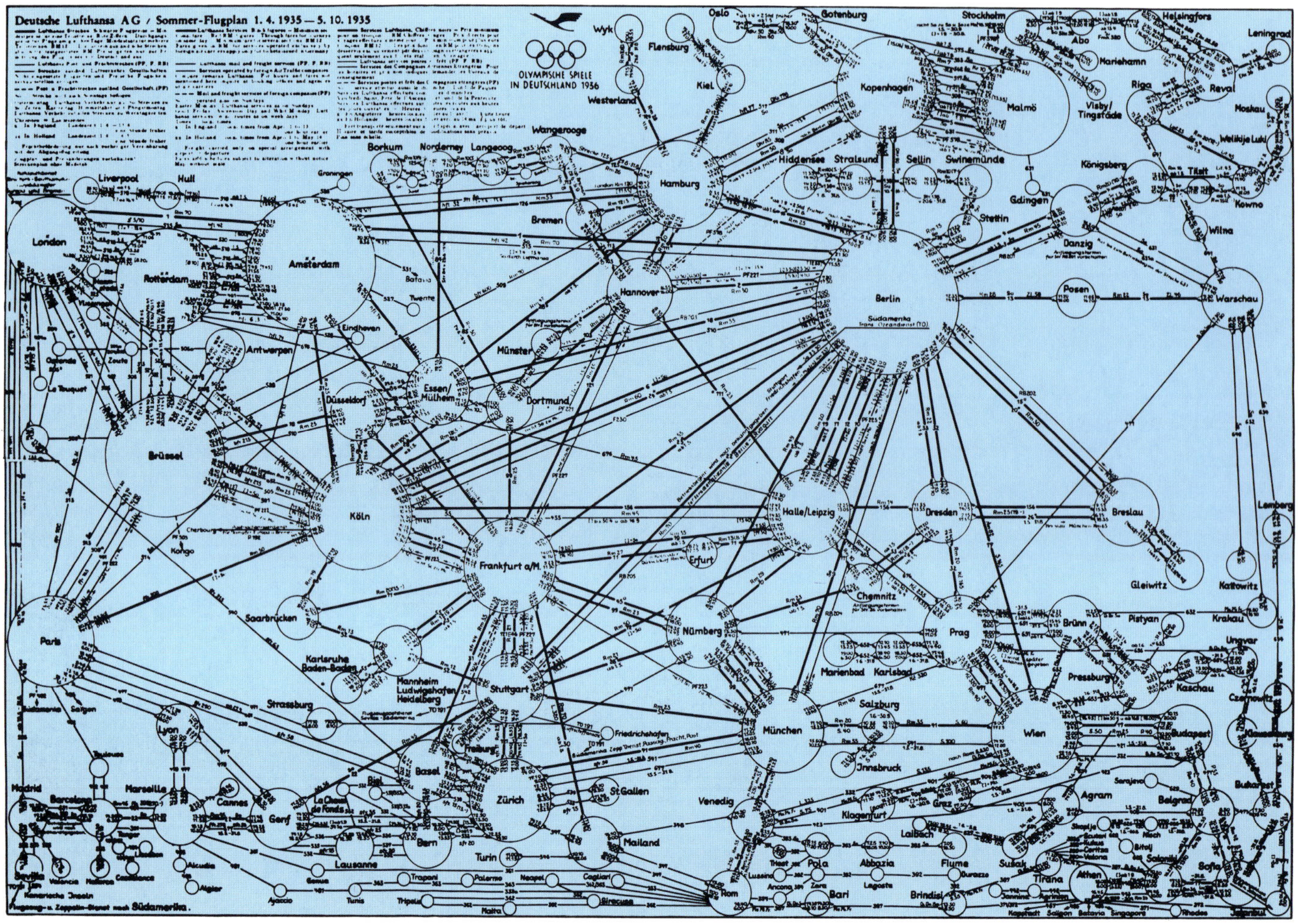

Das Streckennetz der Lufthansa wurde in den dreißiger Jahren immer dichter, wie der Sommer-Flugplan von 1935 eindrucksvoll beweist (oben).

tion der mittelalterlichen Hanse anknüpfte, stammte von Andreas Fischer von Poturzyn, dem damaligen Junkers-Pressechef: Anfangs wurde er „Luft Hansa" geschrieben, ab 1933 dann „Lufthansa".

An Flugzeugen mangelte es der neuen Gesellschaft nicht. Aber die Flotte von insgesamt 162 Maschinen war ein unübersichtliches Sammelsurium von 19 Typen aus zehn verschiedenen Flugzeugwerken. Viele davon waren schon veraltet und mußten baldmöglichst ausgesondert werden. Zu den moderneren Typen gehörten Maschinen von Fokker, Dornier und Focke-Wulf, aber fast die Hälfte der ganzen Lufthansa-Flotte bestand immerhin schon aus Junkers-Flugzeugen.

Die Reorganisation des Liniendienstes wurde unter der Flagge der neuen Lufthansa rasch vorangetrieben. Die Maschinen mit dem Kranich am Leitwerk steuerten 57 Flughäfen in Deutschland und 15 Ziele im Ausland an. Schon im ersten Betriebsjahr lag die gesamte Länge der beflogenen Strecken bei 20408 Kilometern, es wurden 56268 Passagiere sowie 946 Tonnen Post und Fracht befördert.

Pionierleistungen waren an der Tagesordnung in diesen ersten Aufbaujahren. So begann die Lufthansa bereits am 1. Mai 1926 mit dem Betrieb der ersten Passagier-Nachtflugstrekke der Welt von Berlin nach Königsberg, wodurch die Flugzeit nach Moskau auf 15 Stunden verkürzt werden konnte. Bilaterale Abkommen sicherten in enger Zusammenarbeit mit ausländischen Fluggesellschaften den Ausbau des Liniennetzes in viele europäische Länder.

Das stürmische Wachstum erreichte im Betriebsjahr 1928 einen Höhepunkt: Die Lufthansa flog auf einer Gesamtstreckenlänge von 35974 Kilometern nun schon 75 Städte im Inland und 24 im Ausland an. Die Zahl der Passagiere hatte sich seit 1926 auf 111115 Fluggäste verdoppelt, die beförderten Post- und Frachtmengen lagen mit 2371 Tonnen sogar zweieinhalbmal so hoch wie im Jahr der Gründung.

Dieser beeindruckende Zuwachs der Strekken und der Beförderungsleistungen konnte in den Folgejahren allerdings nicht mehr fortgesetzt werden. Innenpolitische Probleme blieben nicht ohne Einfluß auf die Lufthansa, denn der Luftverkehr mußte vom Staat mit erheblichen Mitteln subventioniert werden, und diese Zuwendungen wurden nun in den wirtschaftlich schwierigen Zeiten erheblich gekürzt.

Immerhin blieb die Lufthansa auch in diesen mageren Jahren innovativ: So erreichte das Spezial-Poststreckennetz im Jahr 1929 eine Länge von 4000 Kilometern, 1930 wurde eine Strecke in die Türkei eröffnet, und 1931 begann der Passagierverkehr über die Alpen.

Eine neue Epoche des Luftverkehrs begann, als 1932 die ersten dreimotorigen Junkers Ju 52 in die Lufthansa-Flotte übernommen wurden. Diese Maschine bewährte sich schon bei ihren ersten Einsätzen so hervorragend, daß sie sehr bald zum Standardmuster der Lufthansa werden sollte: „Eines der hervorstechendsten Merkmale des Jahres 1935 wird die Verwendung der Ju 52-Flugzeuge sein, welche nunmehr als Hauptmuster des deutschen Luftverkehrs vier Fünftel aller Lufthansastrecken befliegen. Die älteren Flugzeugmuster verschwinden also nahezu völlig, so daß das umfangreiche Beschaffungsprogramm der Deutschen Lufthansa jetzt abgeschlossen ist", so schrieb damals Martin Wronsky, Vorstandsmitglied der Lufthansa.

In den „Junkers-Nachrichten", der Hauszeitschrift des Flugzeugbaukonzerns wurden die Erfolge der Ju 52 natürlich gebührend gefeiert: „Was könnte die Zuverlässigkeit der Ju 52/3m besser kennzeichnen als das Beispiel der Deutschen Lufthansa", hieß es im September 1939, „85% der Verkehrsflugzeuge der DLH

Auf allen deutschen Flughäfen gehörte die Ju 52 zum gewohnten Bild: Blick vom Flughafen-Restaurant Hamburg auf das Rollfeld (oben), Postverladung in Stuttgart-Böblingen (links).

sind dreimotorige Junkers-Maschinen". In der Tat konnte die Regelmäßigkeit der Liniendienste durch den Einsatz der Ju 52 auf 97% im Jahresdurchschnitt gesteigert werden. Hatten die Lufthansa-Maschinen schon Ende der zwanziger Jahre in den Sommermonaten eine Regelmäßigkeit zwischen 90 und 100% erreicht, so sank sie jeweils im Winter aus Witterungsgründen unter die 70%-Marke. Aber der Einsatz der Ju 52 hat ganz wesentlich dazu beigetragen, daß Mitte der dreißiger Jahre auch im Winter der Flugplan mit einer Regelmäßigkeit von rund 90% eingehalten werden konnte.

Noch viel wichtiger war aber die drastische Steigerung der Sicherheit im Luftverkehr. Die Zahl der Außenlandungen sank nämlich schon in den ersten Betriebsjahren der Ju 52 von rund 7 auf nur noch 1,5 pro einer Million Flugkilometer, und diese Rate konnte in den Folgejahren bis 1938 sogar noch auf weniger als eine Außenlandung pro einer Million Flugkilometer gedrückt werden. In diesem letzten Friedensjahr in der Geschichte der alten Lufthansa legte die Flotte schließlich über 15 Millionen Flugkilometer zurück und beförderte dabei 254716 Passagiere, 1321 Tonnen Fracht und 5289 Tonnen Post.

Daß die Ju 52 zum sichersten Flugzeug der Welt werden konnte, war ganz entscheidend auf ihre Dreimotorigkeit zurückzuführen: „Wenn es bisher kaum vorkam, daß die Ju 52/3m durch den Ausfall eines Motors zur Landung gezwungen wurde, so deshalb, weil auch unter solchen Bedingungen die beiden restlichen Motoren noch so viel gedrosselt bleiben können, daß eine Überbeanspruchung nicht zu befürchten ist. Gleichzeitig kann auch noch eine recht beachtliche Gipfelhöhe eingehalten werden", so erklärten die „Junkers-Nachrichten" den Erfolg dieses legendär gewordenen Flugzeugtyps.

Kam es doch einmal zu einem Unfall, dann sorgte die stabile Konstruktion der Ju 52 dafür, daß wenigstens die Folgen nicht allzu schwerwiegend waren. Bei einem Zusammenstoß mit einem Übungsflugzeug der Luftwaffe wurde ein Viertel der rechten Tragfläche der Ju 52 abgerissen, aber trotzdem konnte die Maschine ihren Linienflug fortsetzen, und die Passagiere erreichten nach einigem Bangen unbe-

Bei kaltem Wetter wurden die Motoren mit einem Heizgerät vorgewärmt (ganz links).

Auch auf dem Flughafen London-Croydon war die Ju 52 ein regelmäßiger Gast (oben).

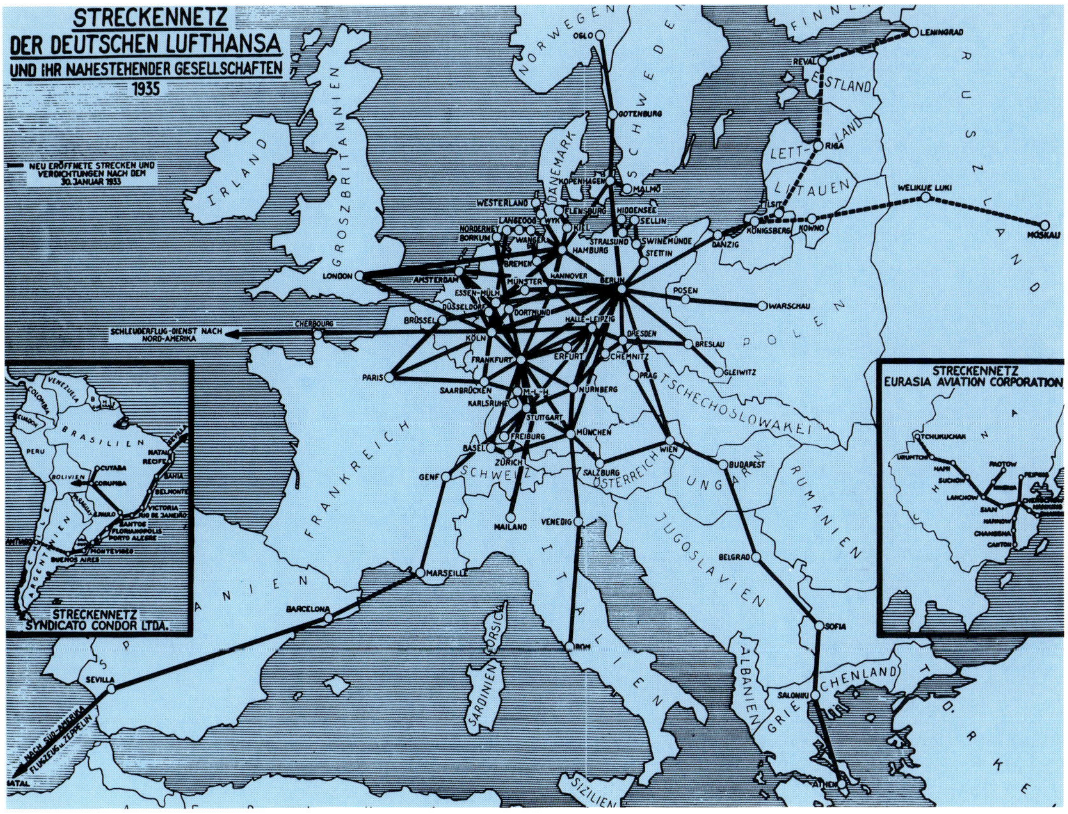

Das Streckennetz der Lufthansa aus dem Jahr 1935 zeigt, daß viele Städte in Europa, Südamerika und China bereits mit dem Flugzeug erreichbar waren (links).

schadet den Hamburger Flughafen. Im März 1936 streifte eine Ju 52 auf dem Flug von Wien nach Venedig in dichtem Schneetreiben bei Klagenfurt einen flachen Berghang: Der linke Motor und das Fahrgestell brachen weg, aber die Passagiere konnten die Maschine ohne ernstliche Verletzungen verlassen. Die Tiefdecker-Bauart der Junkers-Flugzeuge trug viel zu diesen Sicherheitsreserven bei, denn die Flügel wirkten im Falle einer Bruchlandung wie eine Knautschzone und schützten die Kabine mit ihren Passagieren vor den schlimmsten Folgen.

Mit der geradezu sprichwörtlich gewordenen Sicherheit der Tante Ju stieg das Vertrauen der Passagiere in den Luftverkehr immer mehr. Am 28. September 1934 konnte schon der einmillionste Fluggast seit Gründung der Lufthansa begrüßt werden. Täglich starteten die dreimotorigen Junkers-Flugzeuge von ihrem Heimatflughafen Berlin-Tempelhof zu vielen deutschen Zielen und zu fast allen Hauptstädten in Europa. Hochgebirge wie die Alpen oder die Pyrenäen waren kein unüberwindliches Hindernis mehr, und auch über die Nord- und Ostsee flog die Tante Ju täglich mit größter Sicherheit im regelmäßigen Liniendienst.

In den Junkers-Nachrichten wurden die Vorzüge der Ju 52 in den hellsten Farben geschildert: „Als repräsentatives, geschmackvoll eingerichtetes Reiseflugzeug kann die Ju 52/3m mit verschiedenen Abteilen, Ruhesofas, Sesseln, Schreibtisch und Schränken geliefert werden. Als Frachtmaschine weist sie einen großen ungeteilten Laderaum auf, der durch große Luken und breite Türen in Decke und Seitenwand gute Zugangsmöglichkeiten erhält". Daß außer dem normalen Fahrwerk jederzeit auch Schwimmer oder Schneekufen montiert werden konnten, erhöhte die vielseitigen Verwendungsmöglichkeiten der Maschine ganz beträchtlich.

Das Flugzeug war innerhalb von wenigen Jahren zu einem wichtigen Verkehrsmittel geworden. Die Fluggesellschaften bemühten sich darum, den Passagieren viele Dienstleistungen zu bieten, die weit über den reinen Transport von einem Flughafen zum anderen hinausreichten. So hatte die Lufthansa von den Stadtzentren aus kostenlose Zubringerdienste eingerichtet, sofern der jeweilige Flughafen nicht mit einem öffentlichen Verkehrsmittel erreichbar war. Dieser Service wurde sogar noch weiter ausgedehnt: „Von einer Reihe von Flughäfen aus wird nach bestimmten wichtigen Orten des Hinterlandes ein bedarfsmäßiger Zubringerdienst unterhalten, für den der Gast die gesamten Kosten oder wenigstens einen gewissen Kostenanteil zu tragen hat", so hieß es in einer Mitteilung der Lufthansa aus dem Jahr 1938. Für 4 Mark konnte man von Mannheim nach Heidelberg fahren, für 6 Mark von Frankfurt nach Wiesbaden.

Stand keiner dieser Zubringerdienste zur Verfügung, so durfte der Passagier dennoch mit der freundlichen Unterstützung der Fluggesellschaft rechnen: „Die Lufthansa-Flugleitungen sind angehalten, Sorge zu tragen, daß auf jedem Flughafen Autotaxen zur Verfügung stehen oder binnen kürzester Frist herbeigerufen werden können."

Es war aber nicht immer nur die Sorge um das Wohlergehen der Passagiere, die zu besonderen Dienstleistungen am Boden führte: „Die beiden Rhein/Ruhr-Flughäfen Düsseldorf und Essen werden, um ein gegenseitiges Ausnutzen der nur jeweils einen der beiden Häfen berührenden Strecken zu gewährleisten, durch einen bedarfsweisen Sonderautodienst verbunden", hieß es in einer Mitteilung der Lufthansa vom April 1938, und die Benutzung dieser Verbindung war kostenfrei, wenn der Passagier seinen Flug auf dem anderen Hafen fortsetzen wollte.

Die Flughäfen selbst wurden in diesen Jahren, zumindest in den Großstädten, schon zu komfortablen Reisezentren. Die Zeit der simplen Hütten am Rande von einsamen Flugfeldern ging zu Ende. So begann die Betreuung schon bei der Ankunft vor dem Flughafengebäude: Die Lufthansa beschäftigte als Dienstpersonal sogenannte „Läufer", die den Wagenschlag öffneten, das Gepäck entgegennahmen und den Fluggast durch die Empfangshalle bis zum Abfertigungsschalter begleiteten.

„Wegen der sorgsamen Betreuung jedes Einzelnen empfiehlt sich der Luftweg darum ganz besonders für Damen und Kinder ohne Begleitung sowie auch für ältere und gebrechliche Personen", so warb die Lufthansa damals. In der Tat ging die Fürsorge bis ins Detail: „Vor Antritt des Fluges wird den Passagieren Watte zum Schutz der Ohren gegen das Motorengeräusch, eine Lufthansa-Anstecknadel als Reiseandenken und, falls gewünscht, auch ein Vorbeugungsmittel gegen Luftkrankheit ausgehändigt."

Die Flughafengebäude selbst wiesen vielfach schon den Komfort der modernsten Bahnhöfe auf: „Restaurant, Übernachtungsräume, Buchhandlung, Friseur, Reisebüro, Postamt, Polizeiwache, alles ist vorhanden."

Die Nutzlastkapazität der Flugzeuge war damals noch, trotz des rasanten Fortschritts der Flugzeugtechnik, relativ begrenzt. Nicht nur jedes Fracht- und Gepäckstück, sondern jeder

Flug über das Dach der Welt

Kaum ein anderer Flug hatte die deutsche Öffentlichkeit im Jahr 1937 so sehr bewegt wie die Expedition der Ju 52 „Rudolf v. Thüna" mit dem Kennzeichen D-ANOY: Carl August Freiherr von Gablenz, Flugkapitän Robert Untucht und Oberfunkermaschinist Karl Kirchhoff waren am 14. August in Berlin-Tempelhof gestartet, um die geographisch sehr schwierige Strecke von Europa über das Himalaya-Massiv nach China zu erschließen.

Sie schafften es, von Kabul aus den 5400 Meter hohen Whakan-Paß zwischen den Massiven des Pamir und des Karakorum zu überwinden: „Ich habe das Gefühl, als kratzten die Flügel der D-ANOY bereits die Felswand," schrieb Freiherr von Gablenz in seinen Erinnerungen.

Das „Dach der Welt" war bezwungen, aber auf dem Rückflug geriet die Expedition in einen bewaffneten Aufstand. Die Besatzung wurde gefangengenommen und galt in der Heimat als verschollen. Um so triumphaler war der Empfang in Berlin, als die Flugpioniere wohlbehalten wieder auf dem Flughafen Tempelhof landeten.

Die Erkundung von Flugrouten über das Hindukusch- und Pamir-Gebirge war 1937 von der Lufthansa mit mehreren Ju 52 vorangetrieben worden. Unter widrigsten Umständen erschlossen die Besatzungen neue Strecken für den Luftverkehr. Einige der Maschinen blieben in China und stießen zur Flotte der deutsch-chinesischen Fluggesellschaft Eurasia, die ausschließlich mit deutschen Flugzeugen aufgebaut wurde.

Die Liniendienste der Lufthansa nach Fernost begannen ab 29. Oktober 1937 zunächst auf der Strecke nach Baghdad, die im Frühjahr 1938 bereits über Teheran bis nach Kabul verlängert wurde. Der Kriegsausbruch verhinderte den Ausbau dieser Route in den Fernen Osten.

Nach ihrer Rückkehr wurde die Besatzung der D-ANOY stürmisch gefeiert: Flugkapitän Untucht, Freiherr von Gablenz und Funkermaschinist Kirchhoff (ganz oben, v.l.n.r.).

Ju 52 beim Flug über den Pamir (oben).

LUFTHANSA
D-DLAG
D-DLAG
DLAG
ULLMANN
DEUTSCHE LUFTHANSA

Fluggast mußte deshalb bei der Abfertigung auf die Waage. Nur so konnte sichergestellt werden, daß die Maschinen nicht überladen wurden. Der Pilot mußte vor jedem Flug genau berechnen können, wie schwer sein Flugzeug beim Start wirklich war.

Nachdem der Flug aufgerufen war, geleitete ein „Flugleitungsassistent" die Reisenden zum Flugzeug, und vor dem Einsteigen konnte sich der Passagier noch vergewissern, daß er auch die richtige Maschine benutzte: An der Türe des Flugzeugs war ein Schild mit der vorgesehenen Strecke angebracht, „das jeden Irrtum ausschließt", wie es in einer Lufthansa-Schrift damals hieß.

Inzwischen wurde das Gepäck verstaut, in der Ju 52 gab es dafür an der Unterseite des Rumpfes ausreichende Laderäume. „Durch geeignete Kontrollmaßnahmen müssen Fehlleitungen auf jeden Fall ausgeschlossen werden", so mahnte die Lufthansa ihr Personal, denn bei der zunehmenden Dichte des Luftverkehrs konnte es schon damals passieren, daß ein Koffer zu einem anderen Flugziel reiste als der Passagier: „Bei etwa vorgekommenen Fehlleitungen ist alles zu tun, um den Gast auf schnellstem Wege wieder in den Besitz seines Gepäcks zu setzen", so lautete die Anweisung der Fluggesellschaft, „Kosten gehen zu Lasten Lufthansa. Die Hauptverwaltung behält sich vor, dafür später den schuldigen Angestellten in Anspruch zu nehmen."

Aber auch anderen Ärger galt es zu vermeiden: „Besondere Sorgfalt ist weiter darauf zu legen, daß das Gepäck auf der Plattform selbst, im Flugzeug oder auf dem Gepäckkarren nicht mit Öl beschmutzt wird. Die Gepäckräume sind vor dem Abflug sorgfältig zu schließen, so daß während des Fluges keine Koffer verloren gehen können." Interessant am Rande: In den Ju 52-Flugzeugen durften die Passagiere in den Wintermonaten kostenlos Skier mitnehmen, allerdings vermerkte die Lufthansa dazu in ihren internen Anweisungen: „Da die Unterbringung jedoch regelmäßig Schwierigkeiten und Belastungen anderer Gäste bereitet, wird Wert darauf gelegt, daß von der kostenlosen Mitnahme wenig Gebrauch gemacht wird. Sie soll deswegen keineswegs besonders propagiert werden."

Mit einer kleinen Broschüre informierte die Lufthansa ihre Passagiere an Bord über die Besonderheiten dieser noch nicht ganz alltäglichen Beförderungsart: „Eine Luftreise bringt Freude, Erholung und Zeitgewinn. Die schnellen neuzeitlichen Verkehrsflugzeuge bewältigen auch den längsten Reiseweg in kurzer Zeit." Die Hinweise begannen zunächst mit einem Verbot: „Fotografieren während des Fluges ist in den meisten Ländern nicht erlaubt. So verständlich auch Ihr Wunsch ist, über eigene Luftaufnahmen von Ihrer Luftreise zu verfügen, so eindringlich bitten wir, auf die Einhaltung dieser behördlichen Bestimmungen zu achten." Fotoapparate mußten schon bei der Abfertigung zur separaten Beförderung abgegeben werden.

Es folgten Hinweise auf die Bedienung der verstellbaren Sitze, der Anschnallgurte und der Lüftungs- und Heizungsanlage. „Wollen Sie zusätzlich Frischluft haben, so benutzen Sie einen der Zuführungsschläuche, die neben den Sesseln an der Wand befestigt sind. Durch Hochhalten des Schlauches setzt die Frischluftzufuhr automatisch ein." Aber es gab damals in einigen Flugzeugen auch schon Luftdüsen an den Seitenwänden der Kabine,

Mit Plakaten und Anzeigen wurden die Vorzüge der Luftreise angepriesen.

Die „Tante Ju" wurde in den dreißiger Jahren zum vertrauenerweckenden Markenzeichen für sicheres und zuverlässiges Fliegen.

bei denen die Frischluftzufuhr durch Drehen eines Knopfes geregelt werden konnte.

Als besonderer Fortschritt wurde die Einrichtung besonderer Raucherabteile mit elektrischen Feueranzündern angepriesen. „Fluggäste, die gerne rauchen möchten, haben im Raucherabteil den Vorrang", so war in der Fluggast-Broschüre zu lesen. „Die Flugkameradschaft erfordert, daß während des Fluges vorübergehend Plätze im Raucherabteil ausgetauscht werden."

Auch der Wissensdurst der Passagiere sollte gebührend befriedigt werden: „Wenn Sie während des Fluges auf die Erde hinabschauen, oder wenn Sie über einem Meer von Wolken Ihrem Reiseziel zustreben, werden Sie wissen wollen, wie hoch Sie fliegen." An einem an der vorderen Kabinenwand installierten Höhenmesser konnte die augenblickliche Flughöhe abgelesen werden. „Ein Thermometer, das Sie gleichfalls an der Wand befestigt finden, zeigt Ihnen den jeweiligen Wärmegrad im Fluggastraum an."

Mit ausgelegten Flugstreckenkarten konnten die Passagiere verfolgen, welche Städte und Landschaften gerade überflogen wurden, und darüberhinaus gab der Flugfunker von Zeit zu Zeit mit einem Meldezettel den Standort der Maschine bekannt: „Anhand der Standortmeldung können Sie z.B. die Geschwindigkeit feststellen, mit der Ihre Reise vonstatten geht, und sich davon überzeugen, daß Ihre Landung flugplanmäßig erfolgt."

Mit Hilfe eines Flugfunktelegramms konnten

die Passagiere geschäftliche oder private Mitteilungen zur Erde senden. Bei Flügen über Deutschland war sogar der Empfang von Telegrammen an Bord möglich, und in einigen Maschinen stand für dringende Arbeiten auch eine Reiseschreibmaschine zur Verfügung.

Führte ein Flug über hohe Gebirge, dann konnte es schon vorkommen, daß die Passagiere von körperlichem Unwohlsein befallen wurden. Denn die Ju 52 verfügte, genau wie alle anderen Flugzeugtypen dieser Zeit, noch nicht über eine Druckkabine, mit der die atmosphärischen Verhältnisse in der Kabine geregelt werden konnten. Normalerweise flogen die Maschinen damals auch in relativ geringen Höhen von etwa 2500 Metern, wo noch keine Beschwerden durch Sauerstoffmangel zu befürchten waren. Aber beim Überfliegen hoher Berge mußten die Flugzeuge noch einige hundert Meter weiter steigen, und für diese Fälle war vorgesorgt: „Wenn Sie bei Flügen über die Alpen Ermüdungserscheinungen verspüren, ersuchen Sie den Flugfunker um Einschaltung der Sauerstoffanlage. Sie benutzen dann beim Atmen einen der Schläuche, die jeweils zwischen zwei Sitzen angebracht sind."

Da die Flugzeuge noch nicht über dem Wettergeschehen fliegen konnten, litten empfindliche Passagiere bei böiger Luft nicht selten an der Luftkrankheit, und auch dagegen mußte Vorsorge getroffen werden – nicht zuletzt im Interesse der Fluggesellschaft selbst: „Da luftkranke Passagiere unter Umständen nach einem schlechten Flug das Flugzeug für immer meiden, ist Vorsorge notwendig," hieß es in einer speziellen Anweisung der Lufthansa aus dem Jahr 1938. „Die Flugleitungen sollen deswegen bei böigem Wetter den Passagieren von sich aus Luftkrankheitsmittel anbieten."

War dennoch ein Malheur nicht zu verhindern, dann konnte der Betroffene immerhin mit der Nachsicht der Fluggesellschaft rechnen: „Für Verunreinigungen durch Luftkranke wird von der Lufthansa eine Reinigungsgebühr nicht erhoben." Nur bei vierbeinigen Passagieren hörte dieser Großmut auf: „Ist die Verunreinigung jedoch durch im Kabinenraum mitreisende Hunde verursacht, so hat der Hundebesitzer für die Reinigung RM 1,– zu zahlen. Die Gebühr fließt demjenigen zu, der die Säuberung vornimmt."

Schon damals spielte die Konkurrenz im Luftverkehr eine wichtige Rolle, auch was den Komfort in der Kabnine betraf. Das spürte auch die Lufthansa, die ihre Ju 52 zunächst mit 16 Passagiersitzen ausgestattet hatte. Auf längeren Flügen ohne Zwischenlandung erwies sich diese dichte Bestuhlung aber schon bald als nicht mehr ganz zeitgemäß: „Wenngleich die Gefahr einer fühlbaren Schädigung des Verkehrsaufkommens unmittelbar nicht besteht, so muß doch – auch im Hinblick auf den bei einigen ausländischen Flugzeugmustern zu verzeichnenden Fortschritt in der Kabinenausstattung – für Verbesserung des Komforts in den Ju 52-Flugzeugen in möglichst weitgehendem Maße gesorgt werden", so hieß es in einer Anweisung der Verkehrsleitung an alle Bezirks-, Strecken- und Flugleitungen vom 30. April 1937. „Aus diesen Überlegungen heraus wird hiermit angeordnet, daß für Flüge mit Flugzeugen des Musters Junkers Ju 52 über Entfernungen von mehr als etwa 400 km ohne Zwischenlandung lediglich 14 Stühle vorgesehen werden."

„Der Siegeszug der Ju 52 schien nicht mehr aufzuhalten. Die Passagiere profitierten von der sprunghaft gestiegenen Sicherheit, der Flugplan-Zuverlässigkeit und dem Reisekomfort dieser Maschine, und die Fluggesellschaf-

Auch die Zubringer-LKWs für die Luftfracht wurden als Werbeflächen für den Luftverkehr genutzt (links).

ten kamen dem Fernziel des eigenwirtschaftlichen Luftverkehrs einen großen Schritt näher.

Hatte der Anteil der staatlichen Subventionen für die Lufthansa im Gründungsjahr 1926 noch 75,16 Prozent betragen und im Jahr 1932 immerhin noch 62,8 Prozent, so sank er bis 1939 auf einen Wert von nur noch 34,2 Prozent. Und die Einnahmen aus dem reinen Flugbetrieb stiegen zwischen 1932 und 1938 von 6 Millionen Mark auf 28 Millionen Mark.

In allen Bereichen des Unternehmens wurde nach Möglichkeiten gesucht, die Kosten zu senken. So wurde von der Flugbetriebsleitung im Sommer 1937 eine detaillierte Anweisung für „Das Einstellen eines wirtschaftlichen Kraftstoffverbrauchs in der Ju 52" herausgegeben. An die Adresse der Streckenleitungen und der Piloten gerichtet, hieß es: „Diese Ausarbeitung soll Ihnen eine Handhabe geben, ohne Gefahr für die Ihnen anvertrauten Motoren ein Höchstmaß an Wirtschaftlichkeit zu erzielen. Wir erwarten von Ihnen, daß Sie von sich aus im Interesse der Verbilligung unseres Betriebes und der Ersparnis von Devisen alles tun, um den Brennstoffverbrauch herabzusetzen."

Als leuchtendes Beispiel wurde von der Triebwerksabteilung der Lufthansa angeführt, daß es einigen Besatzungen gelungen war, den durchschnittlichen Stundenverbrauch der Ju 52 auf 320 Liter zu drücken: „Dieses bedeutet gegenüber dem Gesamtdurchschnitt eine Kraftstoffersparnis von rund 20 von Hundert."

Den Piloten wurden einige Empfehlungen ans Herz gelegt, wie sie diese günstigen Ergebnisse auf Dauer erreichen konnten: „Durch größtmögliche Drosselung der Motoren, derart, daß möglichst nicht vor der planmäßigen Zeit gelandet wird", so hieß einer dieser Ratschläge, und man empfahl auch langsames Steigen und rechtzeitiges Einleiten des Sinkflugs, laufende Regelung des Gemischs bei sorgsamer Beobachtung der Zylinderkopftemperaturen: „Der Pallas-Stromberg Vergaser NA-Y 9A, der im Augenblick an unseren BMW 132 Motoren angebaut ist, hat wie die meisten Vergaser die Eigenschaft, daß der Verbrauch mit zunehmender Höhe ungefähr gleich bleibt, während die Leistung infolge der dünneren Luft kleiner wird; das Gemisch wird also zu reich und es wird Kraftstoff vergeudet."

Die bis in jede Einzelheit der Motorenbedienung gehenden Anweisungen wurden durch den mahnenden Hinweis unterstrichen: „Aus der obigen Aufstellung geht hervor, daß der Gemischregler unbedingt nahezu dauernd betätigt werden muß." Bei den Piloten war offensichtlich Überzeugungsarbeit zu leisten, denn sie fürchteten, daß ihre Motoren durch die Abmagerung des Kraftstoffgemischs auf die Dauer Schaden leiden, daß durch übertriebene Sparmaßnahmen die Sicherheit beeinträchtigt werden könnte: „Diese Bedenken vieler Besatzungen bestehen heute nicht mehr zu Recht", so beruhigten die Lufthansa-Techniker. „Die Praxis hat zur Genüge nachgewiesen, daß bei sinnvoller Betätigung des Gemischreglers die Betriebssicherheit in keiner Weise leidet und die Wartungsarbeiten normal sind. Der Grund liegt darin, daß die Motoren in der Ju 52 im Reiseflug verhältnismäßig gering belastet sind, die Kühlung der Ventile und Zylinderköpfe ständig verbessert wurde, durch den schnell umlaufenden Lader alle Zylinder ein gleichmäßiges Gemisch erhalten."

Zur Wirtschaftlichkeit der Ju 52 hatte natürlich auch die Firma Junkers schon während der Erprobung durch ständige Weiterentwicklungen beigetragen. So ragten bei den ersten Ausführungen dieses Typs die Sternmotoren noch unverkleidet in den Luftstrom. Sehr schnell erkannte man, daß dieser unnötige Widerstand im Interesse der Leistungssteigerung und der damit zusammenhängenden Wirtschaftlichkeit drastisch verringert werden mußte.

Rund 50 Verbesserungen wurden in den ersten Jahren bereits eingeführt, und dazu zählten die widerstandsarme Verkleidung des Fahrwerks, die Beseitigung von Unebenheiten am Rumpf, an den Flügeln und am Leitwerk, sowie die Einführung eines besonders glatten Anstrichs. Den größten Gewinn brachte aber die Verkleidung der Motoren mit widerstandsarmen Hauben: Durch alle diese Maßnahmen war es gelungen, die Höchstgeschwindigkeit der Ju 52 bei gleicher Motorleistung von anfangs 224 km/h auf 260 km/h zu erhöhen.

„Mit dieser Leistungssteigerung war nur ein erster Schritt getan", schrieb im Jahr 1935 die Fachzeitschrift „Luftwissen". „Man muß sich hier vor Augen halten, daß das erste Flugzeug des Musters Ju 52/3m eine verhältnismäßig geringe Flächenbelastung besaß, daß bisher nur Motoren ohne Untersetzung eingebaut und feste Luftschrauben verwendet wurden."

In der Tat waren während der Erprobung der Ju 52 mit stärker vorverdichteten Motoren schon Geschwindigkeiten bis zu 300 km/h erreicht worden, und man hoffte, diese Leistung sogar noch übertreffen zu können. „Es wäre an dieser Stelle zu erwähnen", so war im „Luftwissen" zu lesen, „daß bei Verwendung einer glatten Außenhaut das Flugzeug noch weiter an Geschwindigkeit gewinnen könnte. Und zwar handelt es sich hier um einen Beitrag in der Größenordnung von 20 km/h, der aller-

Kleine Erinnerungen an die Luftreise

Werbung wurde in diesen Aufbaujahren des Luftverkehrs besonders groß geschrieben. Die Lufthansa versuchte, das Vertrauen der Passagiere für dieses neue Transportmittel zu gewinnen. Sie stellte den Agenturen und Flugscheinverkaufsstellen kostenlos eine Reihe von Werbemitteln zur Verfügung, vom gelb-blauen Emailschild über Plakate, Bilder und Reiseprospekte bis zu attraktiven Flugzeugmodellen. Auch in Hotels, Fahrstühlen und Telefonzellen wurde für Lufthansa geworben.

Zu beliebten Souvenirs gehörten auch damals schon die Gepäckaufkleber: Als Motiv diente die populäre Tante Ju. Sie war schon nach wenigen Einsatzjahren zum Symbol für Sicherheit und Zuverlässigkeit im Luftverkehr geworden.

dings nur bei völliger Um- und Neukonstruktion der wichtigen Bauteile des Flugzeugs zu verwirklichen ist. Dieser Aufwand mußte zugunsten anderer Ziele zurückgestellt werden." Es blieb bei der Wellblechhaut der Tante Ju, und sie brauchte mit ihren Leistungen den Vergleich mit zeitgenössischen Flugzeugtypen kaum zu scheuen: Zwar kamen damals in kleinen Stückzahlen auch schon ausgesprochene Schnellverkehrsflugzeuge wie die Heinkel He 70 und He 111 sowie die Junkers Ju 60 und Ju 160 mit Reisegeschwindigkeiten von mehr als 300 km/h in die Lufthansa-Flotte, aber sie boten nur wenigen Passagieren Platz und erforderten einen höheren Wartungsaufwand als die bewährte Tante Ju.

Der technischen Betreuung ihrer Maschinen widmete die Lufthansa von Anfang an größte Aufmerksamkeit. In der Werft in Berlin-Staaken standen großzügige Hallen für die Wartung und Überholung der Flugzeuge und Motoren zur Verfügung. Die Ju 52 zeigte sich auch in dieser Beziehung von der besten Seite: Die ersten beiden Kontrollen waren bei diesem Typ erst nach 300 Betriebsstunden fällig, die dritte und vierte Kontrolle nach 280 und die restlichen Kontrollen nach jeweils 260 Stunden bis dann nach insgesamt etwa 1500 Stunden eine Grundüberholung fällig war.

Mit diesen Werten übertraf die Ju 52 andere Flugzeugtypen der Lufthansa-Flotte, die etwa alle 200 Stunden zur Kontrolle und schon nach 800 Stunden in die Überholung mußten.

Wegen dieser geringen Wartungsansprüche waren die Betriebsstunden der Ju 52 auffallend hoch. Im Jahr 1937 war jede Maschine weit mehr als 1000 Stunden in der Luft, einige Exemplare in der Flotte der Lufthansa erreichten sogar schon 1500 Stunden, und seit der Inbetriebnahme im Jahr 1932 lag der Jahresdurchschnitt bei etwa 1244 Betriebsstunden.

So war es denn auch kein Wunder, daß auf die Ju 52-Flugzeuge der größte Anteil der Flugkilometer entfiel: Dreiviertel der gesamten Jahresflugleistung der Lufthansa, die im Jahr 1938 schon 17,7 Millionen Flugkilometer erreichte, entfiel mit 13,5 Millionen Kilometer auf die Ju 52. Erst in weitem Abstand folgten die Ju 86 mit 8,2 Prozent, die He 111 mit 6 Prozent und die Ju 160 mit 5,1 Prozent, und der Rest der Flugzeugtypen trug jeweils nur mit Anteilen von rund einem Prozent zur Verkehrsleistung bei.

„Die Ju 52/3 m hat praktisch unbegrenzte Lebensdauer. Einzelne Maschinen dieses Typs haben über 1800 Betriebsstunden im Jahr erreicht, das kommt einer täglichen Flugzeit von sechs Stunden gleich. Eine recht beachtliche Leistung!". So verkündeten im Jahr 1939 die Junkers-Nachrichten. „Voraussetzung bleibt natürlich, daß Wartung und Kontrolle der Maschine während des Betriebes selbst sorgfäl-

Ausgestellt durch: DEUTSCHE LUFTHANSA AKTIENGESELLSCHAFT
STADT-BÜRO MÜNCHEN
Ritter-von-Epp-Platz 6 Rufnummer 113…

Flugschein Nr. DE 360505

Als Rückflugschein gültig bis ....

DEUTSCHE LUFTHANSA
AKTIENGESELLSCHAFT
MITGLIED DER INTERNATIONAL AIR TRAFFIC ASSOCIATION
I. A. T. A.

Der Name des oder der befördernden Luftfahrtunternehmen ist im Flugschein eingetragen.

Es wird gebeten, dieses Heft vor Antritt des Fluges sofort nach Ihrem Eintreffen im Startflughafen der Flugleitung zur weiteren Bearbeitung der Beförderungspapiere vorzulegen.

Name des Fluggastes: EDEL ....

Zeit und Ort der Abfahrt des Zubringerwagens: ....

Der Flugschein ist nur in Verbindung mit diesem Umschlag gültig.

Aus dem Flugschein ist zu entnehmen, daß die Lufthansa damals bereits der internationalen Luftverkehrs-Organisation IATA angehörte (oben).

Passagierabfertigung auf dem Flughafen Berlin-Tempelhof (rechts).

An die Gepflogenheiten der Marine erinnerten die Lufthansa-Uniformen im Jahr 1933 (oben).

Recht großzügig war bereits die Warte- und Abfertigungshalle des Flughafens Berlin-Tempelhof (links).

Wegen der noch ziemlich knappen Nutzlastkapazität der frühen Verkehrsflugzeuge mußte damals jeder Passagier auf die Waage (links unten).

In Berlin-Tempelhof gab es auch Hotelzimmer für Fluggäste.

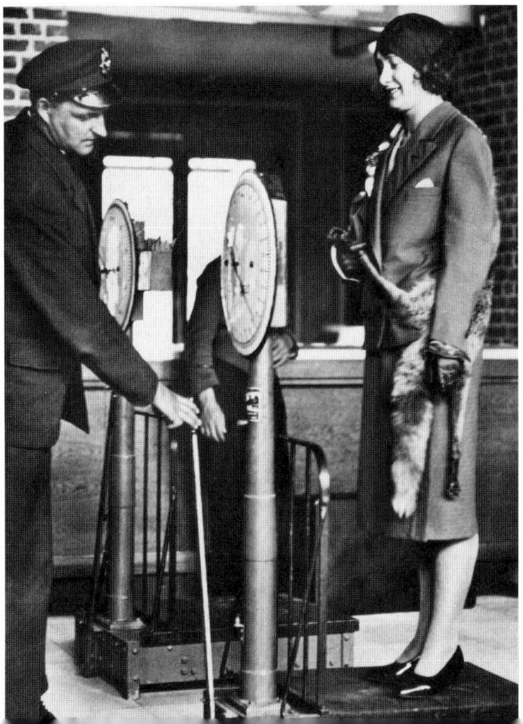

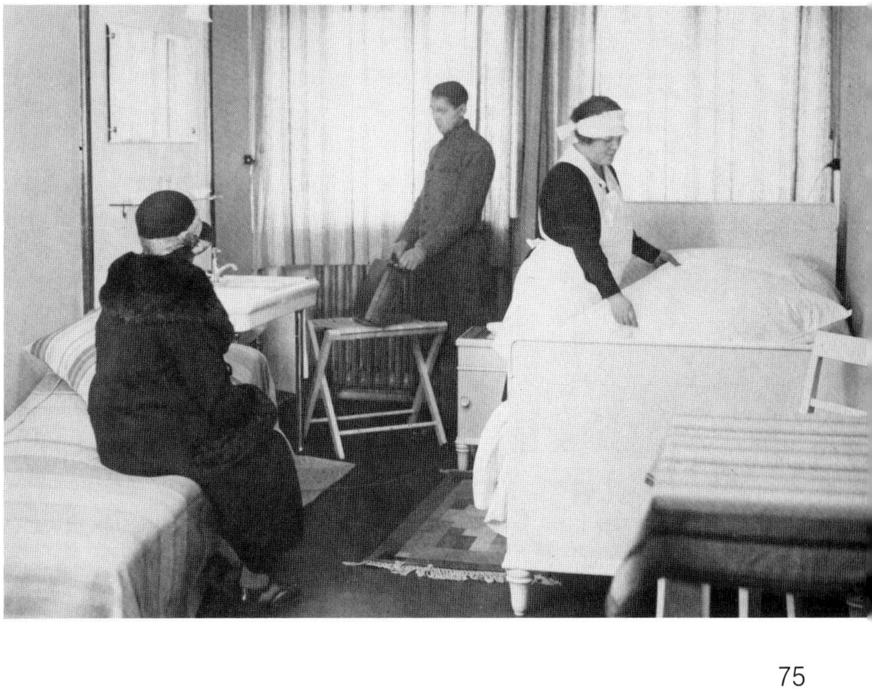

D-2468
LUFTHANSA
1
2
3
4
5
6
7
8
9
10
11
12
13
27
28
29
30
31

Gesamtansicht Ju 52

1 Townend-Ring
2 NACA-Haube
3 Luftgekühlte Sternmotoren BMW 132
4 Schmierstoffstandanzeiger
5 Schmierstoffkühler
6 Luftansaugschacht
7 Auspuff
8 Luftschrauben-Anstrahllampe
9 Führerraum
10 Antennenmast
11 Festantenne
12 Raucherabteil
13 Nichtraucherabteil mit verstellbaren Sesseln
14 Toilette
15 Frischluftdüse
16 Gepäckraum
17 Seitenflosse
18 Seitenruder
19 Schlußlicht
20 Höhenflosse
21 Höhenruder
22 Spornrad
23 Raum für Einsteigleiter
24 Landeklappen
25 Querruder
26 Ruderlager
27 Kraftstoffbehälter
28 Kraftstoffstandanzeiger
29 Schmierstoffbehälter
30 Fahrwerk
31 Steuerbordlicht

Außer Passagieren wurden im Luftverkehr auch schon respektable Mengen von Fracht befördert (oben).

Die Startfreigabe erfolgte noch nicht über Funk, sondern die „Luftpolizei“ gab ein Flaggenzeichen (rechts).

Das Luftpostamt auf dem Flughafen Berlin-Tempelhof (unten).

Einem kleinen Fluggast wird von den „Läufern“ in die Kabine geholfen (rechts).

Ein ungewöhnliches Porträt der Tante Ju: Nur zwei dieser mit 550 PS starken Jumo 205C Dieselmotoren ausgerüsteten Version Ju 52/3mho wurden 1934 gebaut.

Die Lufthansa-Tankzentrale in Berlin-Tempelhof (ganz links) das Betanken einer Ju 52 (links).

Berühmte Gäste in einem berühmten Flugzeug

Die ganze Welt hatte ihm zugejubelt, als der junge Flieger Charles A. Lindbergh im Mai 1927 erstmals im Alleinflug den Nordatlantik nonstop von New York nach Paris bezwungen hatte. Mit seiner einmotorigen Ryan NYP "Spirit of St. Louis" hatte er rund 33 Stunden für diese Strecke gebraucht.

Zehn Jahre später besuchte er Deutschland und interessierte sich dabei besonders für die neuesten Leistungen der Flugzeugindustrie. Charles Lindbergh ließ es sich nicht nehmen, auch die fliegerischen Qualitäten der Ju 52 kennenzulernen (links).

Zu den vielen Berühmtheiten, die mit der Ju 52 reisten, gehörte auch die Filmschauspielerin und -regisseurin Leni Riefenstahl. Sie drehte die Dokumentarfilme über die Olympischen Spiele 1936 in Berlin.

Eine mit den olympischen Ringen bemalte Ju 52 stand für die Dreharbeiten zur Verfügung. Leni Riefenstahls Werke – sie drehte auch Propagandafilme über die Reichs-Parteitage – sind umstritten, aber sie war eine wichtige Figur des deutschen Films (oben).

Personen der Zeitgeschichte in einem Flugzeug, das Geschichte machte – die Ju 52 jedenfalls war damals der Inbegriff für modernes Reisen.

tig durchgeführt werden. Ist es nach all dem noch nötig zu erwähnen, daß sich unter solchen Bedingungen Unterhaltung und Abschreibung wesentlich verbilligen?"

Die Piloten wurden damals zu Flugmillionären: Die dienstältesten Flugzeugführer erreichten in diesen Jahren bis zu 10000 Flugstunden, und das bedeutete rund zwei Millionen Flugkilometer! Und je mehr ein Pilot flog, desto besser verdiente er. Zum Grundgehalt von etwa 800 bis 900 Mark kamen nämlich noch Vergütungen von 7 Pfennigen pro Kilometer: „Bei Alpenflügen gab es noch einen Pfennig mehr", berichtete Dr. Wolfgang Merkel, einer

Die Ju 52 der Lufthansa wurden nach berühmten Fliegern aus dem Ersten Weltkrieg benannt, hier die „Manfred von Richthofen" (oben).

In einigen Ju 52 stand den Passagieren eine Schreibmaschine zur Verfügung (links), auf der Strecke nach Kabul gab es durch Vorhänge abteilbare Ruhebetten (links Mitte).

Bequem und sicher reisten die Passagiere in der Kabine der „Tante Ju" (links unten).

Für Raucher waren in der Ju 52 bereits eigene Kabinen vorgesehen (links).

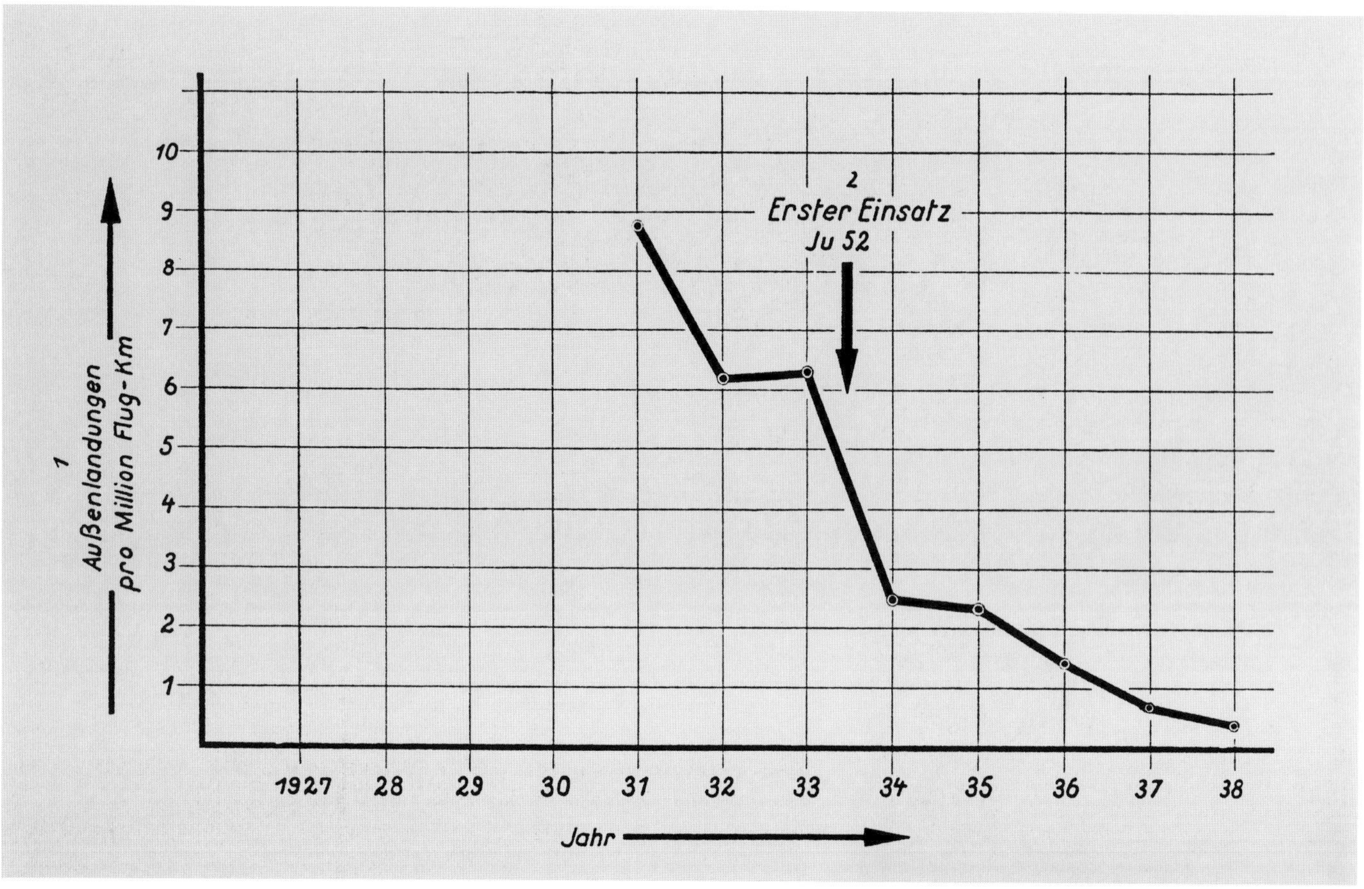

Mit dem Einsatz der Ju 52 konnte die Anzahl der Außenlandungen pro einer Million Flugkilometer drastisch gesenkt werden (ganz oben).

Der BMW 132-Motor einer Ju 52 wird zur Wartung transportiert (oben).

der erfahrensten Piloten der alten Lufthansa, „und das reichte dann bis über den Winter." Denn während der unwirtlichen Jahreszeit wurde der Flugbetrieb merklich eingeschränkt, und die Piloten mußten auf einen Teil ihrer Bezüge verzichten. Immerhin wurde es auch noch zusätzlich honoriert, wenn ein Pilot eine gewisse Anzahl von Flugkilometern ohne Bruchlandung zurückgelegt hatte. Erst als leistungsfähigere Flugzeugtypen immer höhere Geschwindigkeiten erreichten, wurde die Kilometervergütung auf 3,5 Pfennige reduziert.

Der Aufbau des Luftverkehrs hatte die Piloten immer wieder dazu gezwungen, mit neuen Herausforderungen fertig zu werden. Bis zum Jahr 1925 gab es Passagierflüge nur bei Tag, aber seit der Gründung der Lufthansa wurde systematisch die Nachtfliegerei eingeführt. Zur Orientierung auf Strecke und bei Start und Landung dienten damals noch optische Hilfsmittel, wie sie Alfred Helm, Flugkapitän und Blindfluglehrer der ehemaligen Lufthansa beschreibt: „Auf dem Flugplatz wurde in günstigster Start- und Landerichtung eine Reihe Petroleumlampen geradlinig aufgestellt. Rechts entlang der Lampenreihe wurde gestartet und gelandet. Der Anfang des Landestreifens wurde mit grünen und das Ende mit roten Lampen markiert, wodurch auch die Start- und Landerichtung festlag." So primitiv das alles noch war, so gut hatte sich dieses Verfahren schon nach kurzer Zeit bewährt.

Funkpeilungen und Blindfluginstrumente gab es damals noch nicht, so mußte also auch auf den Streckenflügen bei Nacht eine Möglichkeit zur Orientierung gefunden werden. „Es wurden in Abständen von 8 bis 10 km rote Neonleuchten und alle 30 bis 40 km ein starker Drehscheinwerfer montiert", berichtete Alfred Helm, „und daran flog man entlang." Bei aus-

Wartungsarbeiten an einem Motor der Ju 52 (links).

In der Werft Berlin-Staaken wird eine Kurbelwelle der elektromagnetischen Kontrolle unterzogen (unten).

In Berlin-Tempelhof stand eine Werft für die Überholung der Flugzeuge zur Verfügung (links).

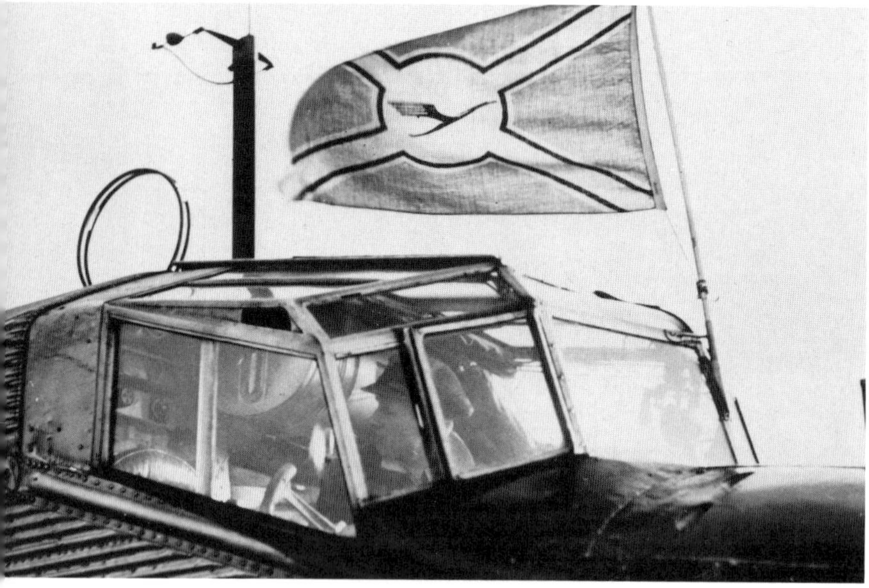

reichender Sicht und nicht zu niedriger Wolkenhöhe hatte der Pilot auf diese Weise sein Flugzeug richtungs- und auch lagenmäßig recht gut in der Hand. „Der Flug wurde aber schlagartig sehr schwierig und mitunter unmöglich", so erinnerte sich der alte Flugkapitän, „wenn die Sicht sich so verschlechterte, daß man beim Überfliegen einer Streckenleuchte die nächste voraus nicht ausmachen konnte." Wenn dann auch sonst kein Licht am Boden mehr zu erkennen war, dann näherte man sich schon ungewollt den riskanten Blindflugzuständen, die aber ohne die dazu geeigneten Bordinstrumente fliegerisch nicht zu beherrschen waren.

Aber schon auf der ersten Nachtflugstrecke der Lufthansa von Berlin über Danzig nach Königsberg wurden im Frühjahr 1926 dreimo-

Vor dem Peilrahmen und dem Antennenmast flattert die Reedereiflagge der Lufthansa (oben).

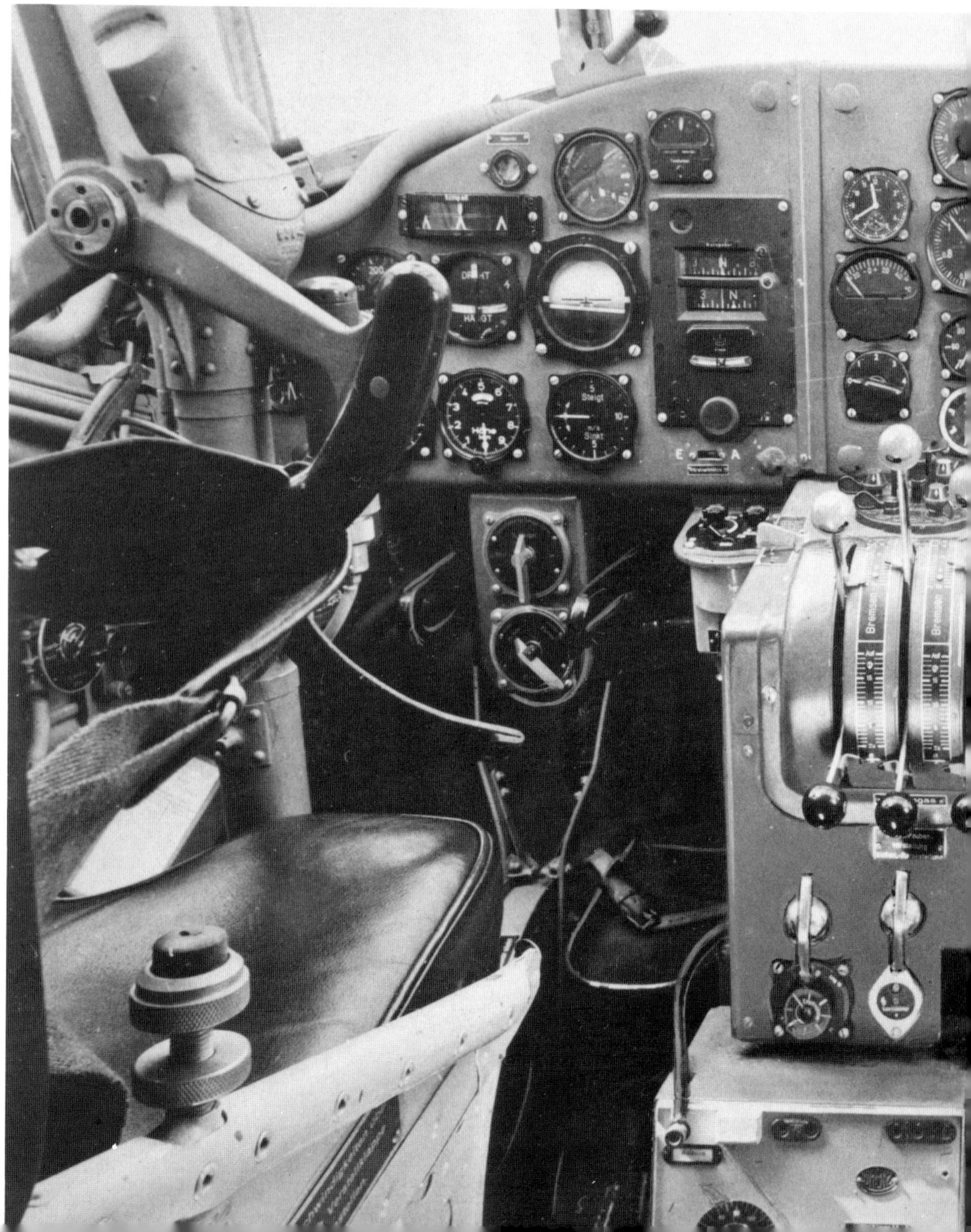

torige Junkers G 24-Maschinen eingesetzt, die erstmals mit Funkgeräten und einem sogenannten „Gyrorektor“ ausgerüstet waren: Dieses Gerät arbeitete mit einem schnell laufenden Kreisel, der seine Lage im Raum unverändert beibehält, so daß der Pilot die Längs- und Querlage seines Flugzeugs auch ohne Sicht kontrollieren konnte. „Aber das Gerät war gefährlich“, erinnerte sich Alfred Helm, „weil die mechanische Betriebssicherheit zu gering war. Jedenfalls habe ich nicht erlebt, daß es eine Laufdauer von mehr als 15 bis 20 Minuten überstand.“ Die Verwendung beschränkte sich deshalb auf ausgesprochene Notsituationen, wenn der Pilot gezwungen war, eine Wolkendecke in kürzester Zeit nach oben oder unten zu durchstoßen.

Häufiger Begleiter von Alfred Helm auf diesen Flügen war Nachtflugleiter Hermann Köhl, der zwei Jahre später mit seinem sensationellen Ost-West-Flug über den Nordatlantik von sich reden machen sollte: „Anfangs setzte sich Hermann Köhl rücksichtslos für eine regelmäßige Durchführung unserer Flüge ein und vertrat den Standpunkt, wenn schon nachts ein Flug wegen Schlechtwetter ausfallen muß, so wird er am Tag aber bei jedem Wetter nachgeholt“, erinnerte sich Alfred Helm.

Aber nach einem besonders riskanten Flug rebellierte Alfred Helm: „In Königsberg angekommen, eröffnete ich Köhl unter dem frischen Eindruck des nur mit größtem Glück durchgestandenen Fluges, bei solchen Verhältnissen nie wieder zu fliegen, weil das, abgesehen vom Selbstmord, kein geeigneter Entwicklungsweg sei.“ Aber auch Köhl wußte,

Manche Hebel und Hähne im Cockpit der Ju 52 erinnerten eher an den Führerstand einer Lokomotive, aber das Cockpit der Ju 52 war bereits für den Blindflug ausgerüstet: Vor dem linken Pilotensitz ist der Künstliche Horizont zu erkennen (links).

Die Einführung von Blindflugverfahren ermöglichte flugplanmäßige Dienste auch bei Nacht und bei schlechtem Wetter (oben).

So sah es im Funkraum des Flughafens Berlin-Tempelhof aus (rechts), und das war die Funkstation hinter dem Cockpit der Ju 52 (ganz rechts).

daß man so nicht mehr weitermachen konnte.

Ein neues Gerät brachte schon bald ganz wesentliche Fortschritte: Kompaß, Höhen- und Geschwindigkeitsmesser wurden ergänzt durch den sogenannten Wendezeiger. Mit seiner Hilfe konnte der Pilot ganz ohne Sicht nach außen feststellen, ob seine Maschine gerade in der Luft lag, und ob sie sauber in die Kurven ging.

Der Weg zum echten Blindflug schien geebnet. Aber die Begeisterung der Piloten hielt sich in Grenzen: Viele glaubten immer noch, daß sie ihrem fliegerischen Gefühl auch bei schlechter Sicht noch trauen könnten. Sie wollten sich nicht allein den Anzeigen der Instrumente ausliefern. „Die Erlernung des Instrumentenfluges ist zumindest ebenso schwierig wie die des Fliegens überhaupt", sagte damals Flugkapitän Willy Polte, einer der

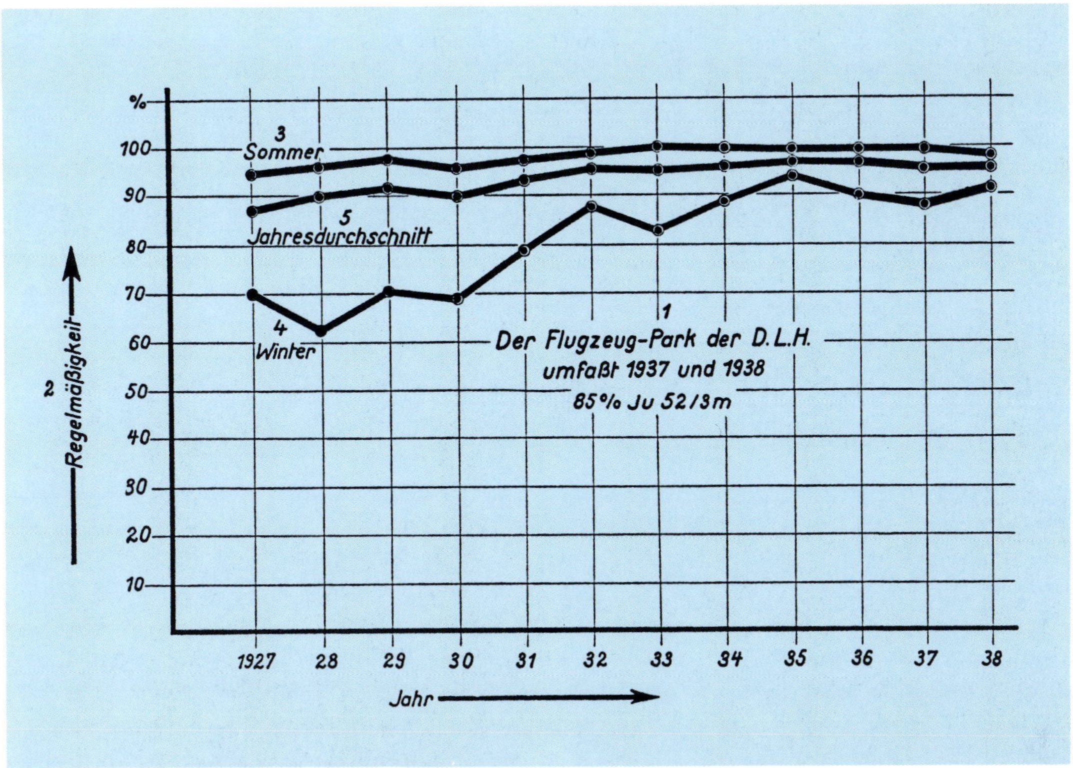

Die Regelmäßigkeit im Luftverkehr der Lufthansa konnte vor allem in den Wintermonaten mit der Einführung des Blindflugs deutlich verbessert werden (links).

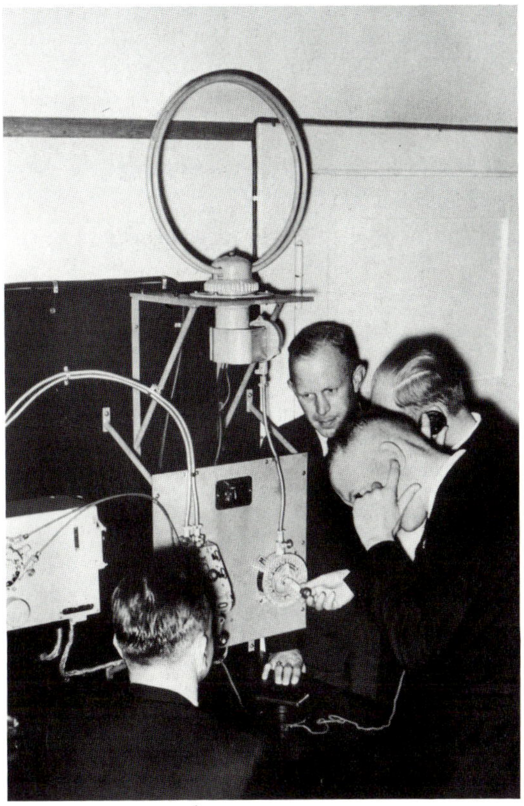

Die gründliche Schulung des fliegenden Personals wurde schon damals groß geschrieben: Übungen am Zielfluggerät während eines Blindflugkurses für Funker (ganz links), Blindflugausbildung für Piloten in einem Bodentrainer (links), und eine für das Blindflugtraining umgebaute Junkers W 33, in der der Schüler in der abgedeckten Cockpithälfte sitzt (oben).

Fluglehrer der Lufthansa. „Das Ablesen der Instrumente und das Umsetzen in die dazugehörenden Steuerbewegungen müssen also im Unterbewußtsein getan werden."

Es fiel den Piloten nicht leicht, ein Flugzeug streng nach den Anzeigen der Instrumente zu fliegen, vor allem wenn das eigene Gefühl dagegen sprach. Zunächst war der Blindflug eine freiwillige Angelegenheit, aber 1929 beschloß Freiherr von Gablenz, der „fliegende Direktor" der Lufthansa, den Blindflug zur Lehrgangspflicht für alle Piloten zu machen.

Im Winter 1929/30 wurde schließlich der erste Blindflugkurs durchgeführt. Aber die Widerstände in Pilotenkreisen hielten sich hartnäckig: Am 13. April 1930 erschien im „Berliner Tageblatt" der Artikel „Piloten klagen an", in dem die Pläne der Lufthansa, den Blindflug allgemein einzuführen, hart attackiert wurden.

Nur langsam flaute dieser Sturm der Entrüstung ab, und die Piloten begannen, sich mit der Wirkungsweise der Instrumente vertraut zu machen.

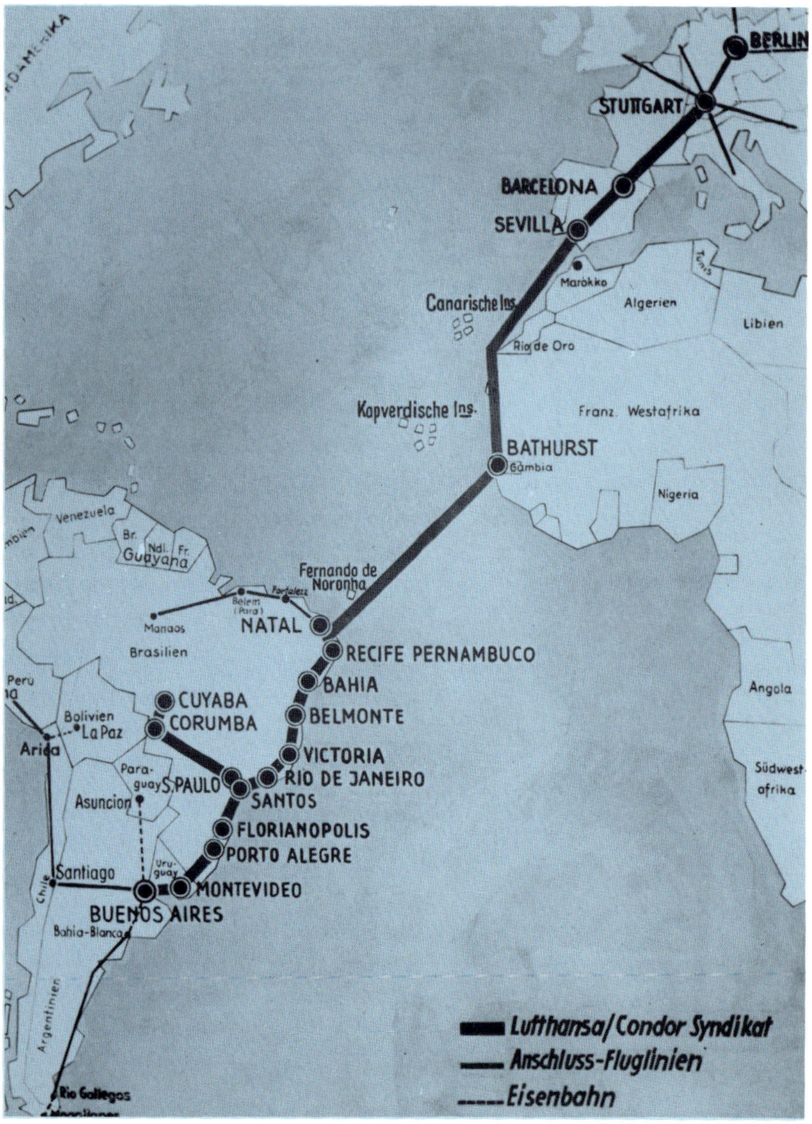

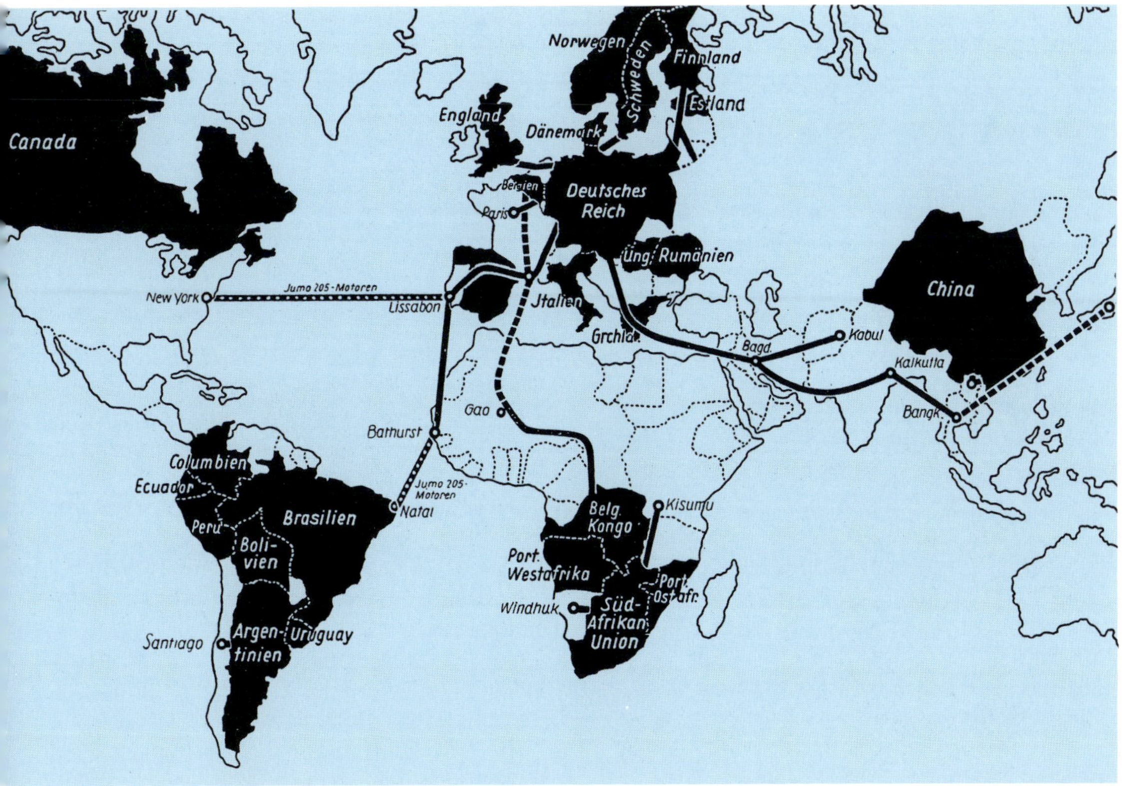

Im Jahr 1934 eröffnete die Lufthansa den Luftpostdienst nach Südamerika: Aus Deutschland flogen die Briefe zuerst mit einer Heinkel He 70 nach Sevilla, von dort brachte sie eine Ju 52 nach Bathurst in Gambia (links oben und unten), und nach dem Sprung über den Südatlantik mit einem Dornier Wal wurde die Post in Südamerika wieder mit Junkers-Flugzeugen zu ihrem Zielort weiterbefördert (Streckenkarte ganz links).

Wie kaum ein anderes Flugzeug war die Tante Ju Ende der dreißiger Jahre rund um die Welt zuhause: In den schwarz gekennzeichneten Ländern flog die Ju 52 im regelmäßigen Luftverkehr (links).

Man benutzte damals zum Üben schon ein simulatorähnliches Bodengerät, und bei der fliegerischen Ausbildung wurde eine einmotorige Junkers W 33 eingesetzt, deren rechtes Cockpit mit einer Art Verschlag völlig verschlossen war: Der Flugschüler hatte keinerlei Sicht nach außen.

Die Ausbildungsprogramme für den Blindflug wurden immer mehr erweitert und verbessert: „1930 war es bereits möglich, auch bei schlechter Sicht mit Hilfe des Wendezeigers zu starten, nach etwa 10 bis 15 Minuten Blindflug durch eine Abflug-Peilung den Kurs zu korrigieren und später mittels einer günstig gelegenen Peilstelle durch eine Querab-Peilung den Standort festzustellen und damit die vorher errechnete Grundgeschwindigkeit zu kontrollieren", erklärte Alfred Helm. „Der Zielflughafen wurde dann in einer bestimmten Sicherheitshöhe mit einigen Ziel-Peilungen genau angeflogen, und über dem Platz angekommen, wurde auf Kommando vom Boden durchgestoßen."

Das war also der Stand der Blindflugtechnik, als die ersten Ju 52 in die Lufthansa-Flotte übernommen wurden. Mit ihren hervorragenden Flugeigenschaften war sie ganz besonders für Schlechtwetterflüge geeignet. So priesen die Junkers-Nachrichten denn auch die Qualitäten der Tante Ju in den schönsten Farben an: „Das Urteil erfahrener Verkehrspiloten ist das beste und sicherste Zeugnis für die Flugeigenschaften einer Maschine, und es will schon sehr viel besagen, wenn es bei der Ju 52/3m ohne Unterschied der Nation stets den gleichen Ausdruck der Bewunderung enthält: Unübertroffen, fliegt bei jedem Wetter allein! So ist es verständlich, daß die Ju 52/3m besonders für den Nacht- und Blindflug überall ohne Bedenken eingesetzt wird. Wenn ungünstige Wetter- und Streckenverhältnisse den Einsatz anderer Flugzeuge nicht mehr ratsam erscheinen lassen, bleibt die Ju 52/3m immer einsatzfähig."

Ganz so einfach, wie es im Werbedeutsch der Junkers-Leute klang, war das Schlechtwetterfliegen allerdings doch noch nicht. Vor allem die Landung stellte noch erhebliche Probleme. Das bisherige „Durchstoßverfahren" war bei zu tief liegenden Wolken nicht praktikabel. Aber im Winter 1932/33 führte die Lufthansa dann das zz-Verfahren ein. Es wurde so genannt, weil die Zeichen zz im Morsealphabet, das für den damaligen Funkverkehr benutzt wurde, besonders markant sind (––..––..).

„Durch ein vorgeschriebenes Flugschema brachte dieses Verfahren das blindfliegende Flugzeug in bezug auf Kurs, Höhe und Geschwindigkeit so vorbereitet an die Platzgrenze, daß es auf ein durch Funk übermitteltes Zeichen ‚zz' sofort zum Landegleitflug übergehen und sicher landen konnte", erklärte Alfred Helm dieses verbesserte Verfahren. „Verlief etwas nicht planmäßig, wurde statt „zz" das Zeichen „jj" gegeben, was besagte, daß nicht gelandet, sondern durchgestartet werden mußte. Es bedurfte dann einer Wiederholung des Verfahrens."

Bei dem immer dichteren Luftverkehr zeigte

Eine Ju 52 der 1938 gegründeten „Lufthansa-Peru" auf dem Flugplatz von Lima (oben).

Bei der Einweihung des Flugplatzes von La Toma war eine Ju 52 der ekuadorianischen Gesellschaft SEDTA der Star des Tages (rechts).

aber auch das zz-Verfahren seine Schwächen. Wenn nämlich mehrere Flugzeuge gleichzeitig über dem Flughafen ankamen, war es für den Flugleiter nicht ganz einfach, rein akustisch diese Maschinen zu identifizieren. Alfred Helm erinnerte sich: „Da das komplette Verfahren eine ansehnliche Zeit brauchte, war nur alle 15 bis 20 Minuten eine Landung möglich, und wartende Flugzeuge verflogen reichlich Benzin und Zeit im Warteraum."

Aber schon ab 1932 liefen bei der Firma C. Lorenz AG die Entwicklungsarbeiten für das UKW-Landefunkfeuer an: Es war so geschaltet, daß links vom genauen Anflugkurs nur Punkte im Funk zu hören waren, rechts dagegen Striche. Befand sich das Flugzeug genau auf dem hindernisfreien Landekurs, dann hörte der Pilot aber einen Dauerton. Die Nachteile des alten zz-Verfahrens waren damit ausgeschaltet: „Zusätzlich verschaffte es dem Piloten das angenehme Gefühl", so beschrieb Alfred Helm die Reaktionen auf dieses neue Verfahren, „bei schwierigen Landeverhältnissen allein auf sich und sein Können und nicht noch auf die Zuverlässigkeit anderer Leute angewiesen zu sein."

Innerhalb weniger Jahre war dieses System bereits so ausgereift, daß es zum Standard im deutschen Luftverkehr werden konnte. Und es wurde immer weiter verbessert: Ab 1939 gab es zusätzlich in 15 km Entfernung vom Flughafen in unmittelbarer Nähe des Leitstrahls ein sogenanntes Zielfunkfeuer, 3 km vor dem

Die Ju 52 des Condor Syndicats beflogen mit Schwimmern ausgerüstet viele Küstenstrecken (ganz oben).

Aber schon bald entstanden allenthalben vorbildliche Flugplatzanlagen, wie hier in Argentinien (oben).

Nuntius Pacelli, der spätere Papst Pius XII. flog während seiner Südamerika-Reise mit einer Ju 52 des Condor Syndikats (links).

Platz ein Vorsignal und 300 m vor der Landebahn noch ein Hauptsignal.

Die Vorzüge dieses Systems beschrieb Alfred Helm mit den Worten: „So konnten Flugzeuge, von Strecke kommend, direkt zum Ausgangspunkt des Anfluges fliegen und, wenn erforderlich, dort eine Warteposition einnehmen, um bei Abruf mit nur geringem Zeitverlust zum Anflug überzugehen." Auf diese Weise war etwa alle drei Minuten eine Landung möglich. Mit diesen schon erstaunlich ausgereiften Landefunk-Verfahren war der Weg zum Instrumenten-Landesystem (ILS) vorgezeichnet, wie es nach dem Zweiten Weltkrieg bis heute zum Standard im internationalen Luftverkehr werden sollte.

Mit diesen neuen technischen und fliegerischen Entwicklungen war im Laufe der dreißiger Jahre der Luftverkehr in Deutschland längst nicht mehr so abhängig vom Wetter wie noch in der schwierigen Aufbauphase wenige Jahre zuvor. Aber es gab auch manche andere Strecken im Ausland, deren Betrieb nicht immer nur Schönwetter-Fliegen bedeutete. Zu den wohl schwierigsten Strecken des Lufthansa-Verkehrsnetzes gehörte die Route zur einsamen afrikanischen Küstenstation Bathurst, auf der die Südamerika-Post zu den dort wartenden Flugbooten gebracht wurde: Die tropischen Klimabedingungen stellten hohe Anforderungen an Mensch und Maschine.

Auch die Fernverkehrsstrecke von Berlin über Athen, Bagdad und Teheran nach Kabul war wegen häufiger Sandstürme und wegen des tropischen Klimas sehr viel schwieriger zu befliegen als die meisten europäischen Flugstrecken. In Südamerika überquerte die Ju 52 auf den Strecken Lima – La Paz und Santiago – Buenos Aires die hohen Bergketten der Anden: „Beide Gebirgsstrecken werden fast das ganze Jahr von plötzlich auftretenden, sehr heftigen Schneestürmen heimgesucht", berichteten die Junkers-Nachrichten, „doch ist bis heute noch niemals ein Flug mit der Ju 52 auf diesen Strecken ausgefallen, selbst wenn alle anderen ebenfalls dort fliegenden Gesellschaften für Tage ihren Betrieb einstellten."

Das Streckennetz der in Gemeinschaft mit der Lufthansa arbeitenden brasilianischen Fluggesellschaft Syndicato Condor Ltda. hatte 1939 schon eine Ausdehnung von 15000 Kilometern erreicht. Es wurden 15 Flugplätze, mit Schwimmermaschinen und Flugbooten weitere 24 Seeflughäfen angeflogen. Die längste Strecke führte von Belem im hohen Norden

Auch auf den Strecken der deutsch-russischen Fluggesellschaft Deruluft wurde die Ju 52 zu einem unentbehrlichen Arbeitspferd, hier bei der Abfertigung in Riga (unten).

Brasiliens über 15 Stationen bis zum 4230 Kilometer entfernten Rio de Janeiro.

Auch zwei weitere brasilianische Fluggesellschaften flogen mit der Ju 52: Die VARIG erschloß den Luftverkehr im südlichsten Staat Rio Grande do Sul, und die VASP bediente neben ihrer Hauptstrecke Sao Paolo – Rio de Janeiro noch drei weitere Linien in das Innere des Landes.

Von Buenos Aires aus erschloß die Aeroposta Argentina mit der Ju 52 die dünnbesiedelten Gebiete des Landes bis hinunter in das unwirtliche Feuerland. Auch die Ölfelder von Comodoro Rivadavia konnten mit der Ju 52 auf dem Luftwege erreicht werden.

Die Fluggesellschaft CAUSA in Uruguay betrieb mit zwei Ju 52 auf Schwimmern einen Pendelverkehr zwischen Montevideo und Buenos Aires. Diese „fliegenden Omnibusse“ waren im Gegensatz zu den meisten Ju 52 nicht mit den üblichen verstellbaren Sesseln ausgestattet, sondern mit bequemen Bänken, auf denen 28 Passagiere Platz fanden.

Die Hochlandstrecken Boliviens wurden von der Lloyd Aereo Boliviano beflogen, in Ecuador hatte die SEDTA ihre Flugdienste mit der Junkers W 34 aufgebaut und eröffnete 1938 mit der Ju 52 eine Strecke von Quito nach Guayaquil.

Schon im Jahr 1919 war als erste Fluggesellschaft Südamerikas die deutsch-kolumbianische SCADTA gegründet worden, deren Flotte ausschließlich aus Junkers-Flugzeugen bestand, und dazu gehörte in den dreißiger Jahren natürlich auch die Ju 52. In Mexiko flog die Tante Ju in den Farben der Davis-Company als luxuriöse Reisemaschine des Präsidenten der Gesellschaft, aber auch als robustes Arbeitspferd für den Frachttransport.

Natürlich war die Ju 52 auch auf dem afrikanischen Kontinent zuhause. Sie flog nicht nur bei den South African Airways, sondern auch in den portugiesischen Kolonien in Ost- und Westafrika. Geplant war damals eine durchgehende Flugverbindung rund um den schwarzen Kontinent. Sie sollte durch die Länder Südafrika, Deutsch-Südwestafrika, Portugiesisch-Westafrika, Belgisch-Kongo, Deutsch-Ostafrika und Rhodesien führen.

Inzwischen hatte die Ju 52 auf dem europäischen Kontinent nicht nur bei der Lufthansa Karriere gemacht. Sie gehörte zu den Flottenbeständen fast aller großen Fluggesellschaften in Belgien, England, Dänemark, Norwegen, Schweden, Finnland und Estland, in Italien, Ungarn, Rumänien, Griechenland und Spanien. Es gab kaum einen Flughafen in Europa, auf dem die Tante Ju nicht im flugplanmäßigen Linienverkehr zuhause war.

Das Fernziel der Deruluft, schrittweise den Luftverkehr nach Fernost über die Sibirienroute aufzubauen, wurde aus politischen Gründen nie erreicht.

Im April 1939 mußte diese Ju 52 der Eurasia auf dem Flug von Hanoi nach Kumming an einem Berghang notlanden (oben).

Eine Expedition brachte Ersatzteile heran, so daß die Maschine wieder repariert werden konnte (rechts).

Hunderte von Kulis bewegten Zehntausende von Kubikmetern Erde, um am Hang eine knapp 300 Meter lange Notpiste zu bauen (unten).

Ein halbes Jahr später war es so weit: Die reparierte Ju 52 konnte wieder starten, und sie nahm schon bald wieder ihren Dienst bei der Eurasia auf (links).

Zu den wichtigsten Zielen der Lufthansa gehörte in den dreißiger Jahren zweifellos die Erschließung der Fernoststrecken. Schon im Jahr 1931 war die deutsch-chinesische Fluggesellschaft Eurasia Aviation Corp. gegründet worden. 1926 waren bereits zwei Junkers G 24-Maschinen der Lufthansa von Berlin nach Peking geflogen, und diese erfolgreiche Bewährungsprobe führte dazu, daß die Eurasia ihre Flotte in den Folgejahren ausschließlich mit Junkers-Maschinen aufbaute.

Erstmals wurde im August 1934 dann eine Ju 52 auf der Südroute über Ägypten, Bagdad, Jodhpur, Bangkok und Kanton nach Shanghai überführt, und schon ab 1935 standen drei Ju 52 bei der Eurasia im Einsatz.

Noch im Sommer desselben Jahres wurde bereits eine planmäßige Fernoststrecke eröffnet: Mit der Ju 52 flog die Lufthansa in fünf Tagesetappen die rund 10000 Kilometer lange Route von Berlin über Athen, Beirut, Bagdad, Basha, Karatschi, Jodhpur, Allahabad, Kalkutta und Rangoon bis nach Bangkok.

Schon am 29. August 1934 startete wieder eine Ju 52 in Berlin unter Führung des Freiherrn von Gablenz zu einem Erkundungsflug, der über Shanghai hinaus bis nach Tokio führen sollte. Es war kein Rekordflug geplant, sondern die Tagesetappen wurden auf 1800 bis 2000 Kilometer begrenzt. Nach über 14000 Kilometern Strecke näherte sich die Ju 52 am 6. September 1934 von Nanking kommend der Stadt Shanghai: „Wir hatten viele Chinesen mit, die den Instrumentenflug noch nicht kannten", erzählte Freiherr von Gablenz. „In Shanghai stand uns ein sehr guter Peiler zur Verfügung, der von einem deutschen Eurasia-Funker errichtet war, so daß wir dort sofort auf sichere Funkhilfe rechnen konnten. Wir gingen sofort nach dem Start über die Wolken und kamen erst bei den großen Fischteichen genau vor Shanghai wieder aus dem Dreck heraus."

Schon 1931 nahm die chinesische Eurasia Aviation Corporation, an deren Aufbau die Lufthansa entscheidend beteiligt war, ihren Flugbetrieb auf (Gepäckaufkleber rechts).

Nach der Landung sackte allerdings die Maschine im durchweichten Flugplatz ein, und sie konnte nur mit Hilfe von Kulis wieder aus dieser mißlichen Lage befreit werden, wie Freiherr von Gablenz schrieb: „Als wir unsere brave Ju 52 aus dem Dreck heraus und vom alten auf den neuen Flugplatz gebracht hatten, waren wir heilfroh."

Auch von den Konkurrenz-Fluggesellschaften wurde dieser Pionierflug nach China, aber auch die überall durchgeführten Rundflüge mit großer Achtung gewürdigt. Wie Freiherr von Gablenz berichtete, bestätigte ihm der Direktor eines dieser Unternehmen, daß dies „nicht

Mit Hilfe von Wasserbüffeln mußte diese Ju 52 der Eurasia aus dem Morast der Startbahn von Chengtu herausgezogen werden, die während der Regenzeit völlig aufgeweicht war (unten).

Ende Juni 1937 wurde die Strecke Peking-Kanton bis Hongkong verlängert. Hier eine Ju 52 auf dem Flugplatz Kai Tak (oben).

Gut ausgebaut und befestigt war damals bereits der Flugplatz von Shanghai (links).

nur eine Reklame für uns, sondern für die ganze zivile Luftfahrt“ gewesen sei.

Nach einem Etappenflug über 16500 Kilometer erreichte die Ju 52 schließlich die japanische Hauptstadt Tokio in einer Gesamtflugzeit von 71 Stunden und 25 Minuten.

Im Sommer 1936 erkundeten Lufthansa-Piloten dann die Routenführung über Zentralasien, und eine Ju 52 überflog dabei die riesigen Gebirgsmassive des Hindukusch und des Pamir.

Immer weiter drangen die Lufthansa-Piloten auf ihren Pionierflügen vor, denn als Fernziel war beabsichtigt, das inzwischen wachsende Liniennetz der Eurasia mit dem europäischen Luftverkehr direkt zu verbinden. Nach der zweiten Pamir-Expedition vom Sommer 1937 rückte dieses Ziel schon in greifbare Nähe, und ab 1938 konnte dann die von Berlin über Athen und Bagdad nach Teheran führende Strecke schon bis Kabul verlängert werden.

Die Ziele der Erkundungsflüge wurden immer weiter gesteckt: Genau einen Monat lang, vom 22. April bis 22. Mai 1939 dauerte der erste Flug einer Ju 52 von Berlin nach Japan. „Bei den Zwischenlandungen in Fukuoka auf Kiuschiu und Taihoku auf Formosa wurden die Flieger von den städtischen Behörden und der Bevölkerung aufs herzlichste begrüßt“, schrieb damals die Fachzeitschrift „Flugsport“.

Es gab in diesem Jahr noch einen Japan-Flug, der bis nach Tokio führte: Im Anschluß an den Liniendienst Berlin–Bangkok vom 8. bis 13. August 1939 flog die Ju 52 weiter bis in die japanische Hauptstadt und übernahm am 24. August wieder den nächsten planmäßigen Rückflug von Bangkok nach Berlin.

Aber in Europa war inzwischen der Zweite Weltkrieg ausgebrochen. Die hochfliegenden Pläne der Lufthanseaten hatten keine Zukunft mehr. Damit war aber auch eine ganze Ära des Luftverkehrs zu Ende gegangen, die große Ära der Tante Ju.

Freigabe: Senator für Häfen, Schiffahrt und Verkehr, Bremen, Nr. MBB 86-0402/1

Ahnenkunde als Puzzlespiel

Jahrzehntelange Abenteuer erlebte diese Ju 52, sie entging mehrmals der unrühmlichen Verschrottung, bis sie nach einem riskanten Atlantikflug endlich wieder zuhause war. Den Lebenslauf des Veteranen zu rekonstruieren, erwies sich als schwierige Detektivarbeit.

So fliegt sie heute wieder – das Traditionsflugzeug Junkers Ju 52 der Lufthansa (oben).

Mit demselben Kennzeichen D-AQUI wurde 1936 eine Ju 52 auf Schwimmern an die alte Lufthansa ausgeliefert.

Im Juni 1936 wurde diese Ju 52 an die norwegische Fluggesellschaft D.N.L. übergeben (rechts).

Bis April 1940 stand die Ju 52 mit dem Kennzeichen LN-DAH auf norwegischen Küstenstrecken im Einsatz (Mitte und rechts).

Wer bei Lufthansa einen Job haben will, muß seinen Lebenslauf vorlegen, wie bei jedem anderen Arbeitgeber auch. Nicht anders erging es der Junkers Ju 52, die 1984 in den USA erworben wurde, um in der alten Heimat restauriert und wieder in Dienst gestellt zu werden.

Es war allerdings gar nicht so einfach, den Lebensweg dieser Maschine, die heute mit dem historischen Kennzeichen D-AQUI in den Farben der alten Lufthansa fliegt, in allen Einzelheiten zu rekonstruieren. Die Archivare und Historiker mußten ihren ganzen detektivischen Spürsinn aufwenden, um die Lebensstationen dieses Oldtimers so genau wie möglich nachzuzeichnen.

Eines wurde allerdings sehr schnell klar: So wie sich die Tante Ju heute präsentiert, ist sie nie aus den Hallen der Junkers-Werke gerollt. Die Recherchen ergaben nämlich das verblüffende Ergebnis, daß dieses Flugzeug eigentlich aus den Bauteilen von mehreren Ju 52 der Baujahre 1940 bis 1943 besteht.

Ihrer Reputation tut dies sicher keinen Abbruch, aber diese Ju 52 hat in ihrem bewegten Leben tatsächlich so viele Umbauten, Reparaturen und Überholungen über sich ergehen lassen müssen, daß ihre wahre Identität kaum noch festzustellen ist. Trotzdem haben die Experten der Flugzeug-Historie versucht, einen Lebenslauf zu rekonstruieren. Und er zeigt immerhin eines auf: Fünf Jahrzehnte gehen im Leben eines Flugzeugs nicht spurlos vorüber. Zu groß waren die Einflüsse harter Einsätze bei verschiedensten Eigentümern, auch die Kriegszeit hinterließ ihre Spuren, und zudem trug die Odyssee von Europa über Süd- und Nordamerika zurück nach Deutschland nicht gerade dazu bei, daß diese Maschine ohne Blessuren überleben konnte.

Auf der Spurensuche nach den Lebensdaten der neuen, alten Tante Ju stießen die Historiker also zunächst auf eine Maschine, die am 6. Dezember 1935 von der Lufthansa bei Junkers bestellt worden war. Mit der Werk-Nummer 5489, dem Kennzeichen D-AQUI und dem Namen „Fritz Simon" startete sie am 6. April 1936 zu ihrem ersten Erprobungsflug und wurde vier Tage später an die Lufthansa abgeliefert.

Mit Schwimmern ausgerüstet, wurde diese Maschine dann als Passagierflugzeug auf der Küstenstrecke von Kopenhagen über Gothenburg nach Oslo eingesetzt. Damals wurde ein großer Teil des Luftverkehrs noch mit Seeflugzeugen oder Flugbooten abgewickelt. Sie konnten überall da eingesetzt werden, wo es noch keine Flugplätze gab.

Lange sollte dieser Dienst der D-AQUI allerdings nicht dauern, und das kam so: Die norwegische Fluggesellschaft D.N.L. (Det Norske Luftfartselskap Fred Olsen & Bergenske A/S.) in Oslo hatte bei Junkers zwei Ju 52 bestellt und drängte auf schnellstmögliche Lieferung. Denn sie hatte kurz vorher eine Maschine bei einem Unfall verloren. Aber die Nachfrage nach diesem Bestseller war so groß, daß Junkers die gewünschten Termine nicht einhalten konnte. Immerhin war inzwischen auch die deutsche Luftwaffe als Kunde aufgetreten und beanspruchte einen Großteil der laufenden Produktion. Die Lufthansa half aus: Sie übergab der D.N.L. die noch fast fabrikneue D-AQUI, die dann schon am 1. Juli 1936 mit neuer Bemalung und dem Namen „Falken" das norwegische Kennzeichen LN-DAH erhielt. Immerhin stand diese Ju 52 nun einige Jahre lang als Passagierflugzeug in den Diensten der D.N.L. Aber nach der Besetzung Norwegens wurde die Maschine am 9. April 1940 von der deutschen Luftwaffe beschlagnahmt und wieder der Lufthansa zur Verfügung gestellt.

Das Kennzeichen hieß nun abermals D-AQUI, aber nun flog die Ju 52 mit dem Namen „Kurt Wintgens" und beförderte ab dem 23. September 1940 Passagiere auf der Strecke von Trondheim über Bodö, Narvik, Harstad, Tromsö, Hammerfest und Vadsö bis nach Kirkenes.

Das Kriegsglück hatte sich gewendet. Die D-AQUI machte im Mai 1945 ihren letzten Flug auf dieser Linie. Sie wurde am 28. Mai 1945 von der norwegischen Luftwaffe übernommen und zunächst zur Überholung in die Horten Flyfabrik gebracht. Danach sollte sie ab 15. August 1945 bei der No. 21 Transport Flight der norwegischen Luftwaffe in Skattra/Tromsö erstmals in ihrem Leben ihren militärischen Dienst antreten, aber schon nach einigen Wochen stellten sich so gravierende technische Mängel heraus, daß die Ju 52 von Tromsö wieder zur Flugzeugwerft Horten überführt werden mußte.

Wie ein Chamäleon wechselte die Maschine abermals ihre Farben: Sie wurde der neugegründeten D.N.L. übergeben, erhielt das Kennzeichen LN-KAF und wurde nach dem männlichen Aschenputtel der norwegischen Sagenwelt auf den Namen „Askeladden" getauft.

Aber bevor die Maschine wieder Passagiere

befördern konnte, mußte sie sich erst einer Überholung unterziehen, und dabei zeigten sich nun doch so schwerwiegende technische Probleme, daß sie offensichtlich nicht mehr ohne größere Transplantationen instandgesetzt werden konnte.

Und jetzt kommt eine ganz andere Ju 52 ins Spiel. Sie war mit der Werk-Nummer 130714 am 20. Juli 1943 zum Erstflug gestartet und ging auf Schwimmern ab August dieses Jahres bei der Seetransportstaffel 2 der deutschen Luftwaffe in Norwegen in den Einsatz. Im Mai 1945 wurde dieser Transporter von der Royal Air Force erbeutet, dann der norwegischen Luftwaffe übergeben, die sie umgehend zur Überholung in die Flugzeugwerft Horten brachte. Auch diese Ju 52 ging aber nach wenigen Monaten in den Besitz der Fluggesellschaft D.N.L. über, die sie aber zunächst gar nicht einsetzen wollte.

Da lagen nun also im Herbst 1947 in der Flugzeugwerft Horten zwei ziemlich lädierte Ju 52. Die norwegischen Techniker entschlossen sich zu einer Radikalkur: Von beiden Maschinen nahmen sie sich die am besten erhaltenen Teile, schlachteten dazu noch einige andere Ju 52 aus den ehemaligen Luftwaffenbeständen aus und versuchten daraus ein „neues" Flugzeug zusammenzubauen.

So wurde der Rumpf von der Werk-Nummer 130714 übernommen, der rechte Flügel stammt ebenfalls von einer ehemaligen Luftwaffen-Maschine, und ansonsten holten sich die Norweger aus den Resten der D.N.L.-Maschine alles heraus, was noch brauchbar schien. Aber auch diese Ju 52 war vermutlich während ihres Linieneinsatzes in Norwegen mit Teilen anderer, später gebauter Ju 52 immer wieder repariert und modernisiert worden.

Von der Ju 52, wie sie 1936 von Junkers an die Lufthansa geliefert worden war, schien also nicht mehr viel übriggeblieben zu sein.

Nach dieser Grundüberholung, die eher einer komplizierten chirurgischen Transplantation ähnelte, stand auf dem Hof der Flugzeugwerft Horten Anfang 1948 praktisch eine „neue" Ju 52, auch wenn sie wieder „Askeladden" hieß und das alte Kennzeichen LN-KAF erhielt.

Von den norwegischen Behörden wurde dem wiederhergestellten Flugzeug dann am 14. Februar 1948 die Zulassung erteilt und jetzt konnte diese Ju 52 endlich wieder im zivilen Luftverkehr eingesetzt werden. Aus der D.N.L. wurde aber inzwischen die Scandinavian Airlines System (SAS), und unter dieser Flagge beflog die Ju 52, immer noch als Seeflugzeug mit Schwimmern ausgerüstet, von ihrer Basis in Stavanger-Sola aus wieder die norwegischen Küstenrouten.

Zusammen mit einer zweiten Ju 52, die von der SAS nach einem sagenhaften Zaubergeiger auf den Namen „Veslefrikk" getauft worden war, bediente sie jeweils in den Sommermonaten von April bis September die Strecke von Bodö über Harstadt zum Seeflughafen Skattora in Tromsö. Im Winter dagegen wurden die beiden Ju 52 für Post- und Sanitätsflüge zu abgelegenen Inseln eingesetzt.

Aber nach acht Jahren Küstenfliegerei schien wieder einmal das Ende gekommen zu sein. Im Oktober 1956 erlosch die Zulassung der Maschine – sie wurde aus dem norwegischen Luftfahrtregister gestrichen. Inzwischen waren die Fluggesellschaften bereits auf die modernen Airliner der Nachkriegsgeneration umgestiegen, größere Maschinen waren gefragt,

Mit ihren drei BMW 132-Motoren bewährte sich die Ju 52 im norwegischen Luftverkehr ebenso wie in vielen anderen Ländern.

1957: Zwei Ju 52 auf Fernost-Tour

Noch in den fünfziger Jahren waren die altbewährten Junkers-Maschinen als Arbeitspferde begehrt: Nach langjährigem Einsatz im finnischen Luftverkehr erwarb die New Guinea Airlines zwei Ju 52, um sie zur Beförderung von Farmern, von Fracht und Post zu verwenden.

Ende Januar 1957 starteten die beiden Oldtimer zu ihrer langen Reise. Zu den ersten Etappenzielen gehörte auch der Hamburger Flughafen: Es war schon eine kleine Sensation, als die beiden alten Flugzeuge damals an der Elbe auftauchten. Schaulustige drängten sich am Flughafen, um diese Raritäten zu bestaunen.

Die Oldtimer posierten neben den damals modernsten Langstreckenmaschinen der Welt, den eleganten Lockheed L-1049 G Super-Constellation. Sie gehörten erst seit kurzem zum Flottenbestand der neugegründeten Nachkriegs-Lufthansa. Jeder einzelne der 28-Zylinder Wright R-3350-Doppelsternmotoren der Super-Constellation hatte mit 3500 PS fast die doppelte Leistung aller drei Motoren der Ju 52.

Der Aufenthalt in Hamburg mußte allerdings auch für eine kleine Reparatur genutzt werden: Die Techniker der Lufthansa-Werft beseitigten einen Riß im Tank einer der beiden Maschinen. Jetzt waren sie wieder fit für die Reise in ihre neue Heimat.

Dann ging die Tour weiter über einige andere deutsche Flughäfen nach Lyon, Rom und Athen, von dort über den Libanon, Saudi-Arabien, Pakistan, Indien, Thailand, Vietnam, Borneo und Indonesien bis zum neuen Heimatflughafen Goroko, der 1500 Meter über dem Meeresspiegel liegt. Der ganze Überführungsflug von Europa zum neuen Eigentümer nach Neuguinea dauerte rund drei Wochen.

Beide Maschinen hatten insgesamt 14 Personen an Bord. Außer den australischen Flugkapitänen und Copiloten gehörten dazu auch die ehemaligen Lufthanseaten Raesch und Halle, die von der New Guinea Airlines für zwei Jahre als Chef-Ingenieure verpflichtet worden waren. Sie nahmen auch ihre Familien mit nach Neuguinea, der jüngste „Fluggast" war ganze drei Jahre alt.

Die New Guinea Airlines gehörte schon in den dreißiger Jahren zu den Kunden der Junkers-Werke. Eine Ju 52 stand noch immer bei dieser Gesellschaft im Einsatz, als die beiden neuerworbenen Maschinen im Frühjahr 1957 dort ankamen.

Weil sich die gute, alte „Tante Ju" dort so vortrefflich bewährt hatte, wollte die New Guinea Airlines noch weitere dieser robusten Transporter ankaufen. Keines der damals neuen und modernen Transportflugzeuge der Nachkriegszeit konnte nämlich in den unwirtlichen Regionen Neuguineas so vielseitig eingesetzt werden wie die damals noch gar nicht so alte Ju 52. Sie bewährte sich auch im gerade beginnenden Jet-Zeitalter in vielen Winkeln der Erde noch immer.

höhere Geschwindigkeiten und mehr Reichweite. So urtümliche Flugzeuge wie die Ju 52 hatten in den modernen Flotten der Airlines keinen Platz mehr. Der Rückzug ins Museum schien unvermeidlich.

Aber als die SAS dem Norsk Teknisk Museum in Oslo diesen Oldtimer anbot, mußte dieses großzügige Präsent ausgeschlagen werden – es war einfach kein Platz dafür in den Ausstellungsräumen. Drohte der Ju 52 jetzt schon das Schicksal, auf dem Schrottplatz von Schneidbrennern in unkenntliche Stücke zerlegt zu werden?

Die Rettung kam aus Südamerika: Flugkapitän Christof Drexel, ein ehemaliger Lufthansa-Pilot, betrieb nämlich in Ecuador die Fluggesellschaft Transportes Aereos Orientales S.A. (TAO). Und auf seiner Basis in Quito hatte er bereits eine Ju 52 im Einsatz. Als er davon hörte, daß in Norwegen noch eine Ju zu haben war, griff er sofort zu. Noch in Oslo ließ er sie statt der Schwimmer mit einem Fahrwerk ausrüsten – es lagen dort ja noch Teile von alten Junkers-Maschinen herum. Dann wurde der Oldtimer am 30. Juli 1957 auf den Frachter M/S Margrethe Bakke verladen und samt 20 Tonnen an Ersatzteilen nach Ecuador verfrachtet.

Flugkapitän Christof Drexel ließ die Maschine dort wieder zusammenbauen, und schon im August 1957 konnte die Ju 52, jetzt mit dem ecuadorianischen Kennzeichen HC-ABS und dem Namen „Amazonas", ihren Dienst bei der TAO aufnehmen.

Und sie flog wie in alten Tagen: Im Wellblechrumpf der Tante Ju beförderte Flugkapitän Christof Drexel Passagiere und Fracht aller Art über die Dschungel und Urwälder des Amazonas-Gebietes. Auch die alten BMW 132-Motoren machten alles mit, selbst wenn die Maschine auf dem 2800 Meter hoch gelegenen Flughafen von Quito starten mußte, wo die Luft schon so dünn ist, daß die Triebwerksleistung merklich absinkt.

Über fünf Jahre lang arbeitete diese Ju 52 unter widrigsten Bedingungen in Ecuador. Aber dann schienen ihre Reserven erschöpft zu sein. Immer wieder waren Defekte aufgetreten. Ersatzteile gab es nicht mehr, eine nochmalige Überholung wäre zu teuer geworden.

Nach dem Zweiten Weltkrieg blieb die Ju 52 in Norwegen und wurde mit dem neuen Kennzeichen LN-KAF wieder für die D.N.L. registriert (oben).

Aus der D.N.L. entstand die SAS, und unter dieser Flagge beförderte die Ju 52 bis 1956 die Strekke von Bodö über Hrstadt nach Tromsö (rechts).

So ließ man sie einfach am Rande des Flughafens von Quito stehen, und dort dämmerte die alte Ju nun acht Jahre vor sich hin. Sie wurde zu einer Ruine. Getier aller Art benutzte die Wellblechhülle als Unterschlupf. Es wird sogar erzählt, daß ein Condor auf dem Leitwerk der vergammelten „Amazonas" sein Nest gebaut haben soll. Die feuchte Tropenluft tat ein übriges: Korrosion fraß sich in das Metall, nichts schien den Verfall des Oldtimers noch aufhalten zu können.

Bis eines Tages ein Flugzeug-Fan aus den USA dieses jämmerliche Wrack entdeckte: Lester F. Weaver, ein ehemaliger Bomberpilot, im Zivilberuf Friseur in Polo, Illinois, konnte der Versuchung nicht widerstehen. Er erwarb am 25. Mai 1970 diesen Trümmerhaufen für ganze 5000 Dollar und war nun stolzer Besitzer einer der letzten Ju 52.

Doch nun war guter Rat teuer: Wie wollte Lester F. Weaver diesen Haufen Schrott in seine Heimat bringen? Die Antwort schien klar – die Ju sollte wieder fliegen! Und Weaver fand tatsächlich einen waghalsigen Mann für diesen Job – George Hamilton, den Direktor der kleinen amerikanischen Fluggesellschaft Argosy Air Lines.

Bevor die tollkühnen Männer daran gehen konnten, ihre fliegende Kiste notdürftig zu reparieren, mußten sie sich erst einmal als Kammerjäger betätigen. Sie räucherten die alte Ju gründlich aus, räumten Staub und Dreck aus dem Rumpf und versuchten dann, die ausgeleierte Steuerung in Gang zu bringen, die Instrumente neu zu beleben und den maroden Motoren wieder ein Lebenszeichen zu entlocken.

Das Unglaubliche gelang: Nach mehr als fünf Monaten hatten die Oldtimer-Freaks das Temporary Flying Permit, ein befristetes Zulassungspapier der amerikanischen Luftfahrtbehörde FAA in der Tasche, und die Ju 52 konnte am 10. November 1970 in Quito wie ein Phoenix aus der Asche zu einem Probeflug starten.

Mit ihrem neuen Kennzeichen N 130 LW machte sich die Tante Ju, gesteuert von George Hamilton, schon vier Tage später auf die Reise von Ecuador in die USA. Diese Reise aus der Vergangenheit dauerte acht Tage – mit vielen Zwischenstops natürlich. Denn man wollte diesem soeben erst aus dem jahrelangen Dornröschenschlaf erwachten guten Stück noch keine allzu großen Strapazen zumuten.

Bis zu ihrer neuen Heimat in Dixon, Illinois hielt die Maschine tatsächlich durch, aber als die FAA-Inspektoren dort den nur mit Mühe wieder flügge gemachten alten Vogel etwas genauer unter die Lupe nahmen, wollten sie ihm schon wieder das Fliegen verbieten.

Notdürftig wurden die schlimmsten Korrosionsschäden geflickt, um die Mindestauflagen der Luftfahrtbehörde erfüllen zu können.

Nach ihren fast zwei Jahrzehnte dauernden Einsätzen in Skandinavien mußte die Tante Ju mit vielen Teilen anderer Ju 52 gründlich repariert und überholt werden.

Eine richtige Zulassung konnten die FAA-Inspektoren auch jetzt noch nicht erteilen, aber immerhin reichte es am 21. Mai 1972 zu einer Genehmigung in der Experimental-Kategorie. In dieser Klasse fliegen in den USA auch andere Maschinen aus der Kriegszeit, und selbst Flugzeuge, die in Heimarbeit von Amateurkonstrukteuren gebaut worden waren, dürfen als Experimentals in die Luft gehen.

Aber mit dieser Zulassungsart sind Einschränkungen verbunden: Man darf keine Passagiere befördern, und genau darauf hatte Lester F. Weaver gebaut. Er wollte mit seiner Rarität schließlich Geld verdienen. Als daraus nichts wurde, bot Weaver sein teures Stück bei einer Auktion zum Verkauf an – die Tante Ju kam unter den Hammer.

Mit einem Gebot von 36000 Dollar erhielt die Flugzeughandelsfirma Cannon Aircraft den Zuschlag, aber schon nach wenigen Monaten wechselte die Ju 52 erneut den Besitzer: Für 52500 Dollar erwarb sie Ende 1974 der amerikanische Schriftsteller Martin Caidin, und nachdem er den Oldtimer am 4. März 1975 zum Titusville-Cocoa-Flughafen in Florida überführt hatte, setzte der skurrile Flugzeugfan alles daran, um seine alte Ju gebührend ins rechte Licht zu setzen.

Von der FAA ließ er sich zunächst das beziehungsreiche Kennzeichen N 52JU geben, malte an das Seitenleitwerk der Maschine die Worte „Iron Annie", und dann tingelte er von Airshow zu Airshow. Vor allem bei der „Confederate Air Force", machte die Tante Ju nun Furore. Dieser private Verein von Oldtimer-Freaks veranstaltet in Harlingen, Texas, regelmäßig große Airshows mit pikfein gepflegten Maschinen aus dem Zweiten Weltkrieg. Und die „Iron Annie" wurde schnell zu einem der vielbewunderten Stars dieses Klamauks.

Es dauerte aber nicht lange, bis die Maschine ein weiteres Mal an Altersschwächen zu leiden begann. Die Instrumente taten es nicht mehr, und die Motoren schluckten viel zu viel Öl, das sie dann bei unpassender Gelegenheit während des Fluges wieder ausspuckten: Triebwerksausfälle wurden immer häufiger, und manchmal gerieten die altersschwachen Sternmotoren gar in Brand.

Martin Caidin mußte sich zu einer Generalüberholung entschließen. In der Flugzeugwerft Aero Facilities in Miami wurde die Ju nach vielen Jahren der Flickschusterei wieder von professionellen Flugzeugtechnikern fachgerecht behandelt. Zuerst mußten die drei ausgeleierten BMW-Motoren daran glauben. Sie wurden durch Sternmotoren des Typs Pratt & Whitney R-1340 S1H1 Wasp ersetzt. Mit je 600 PS hatten sie zwar etwas weniger Leistung als die BMW-Triebwerke mit ihren 660 PS, die aber nach so vielen Jahren ohne ordentliche Wartung auch nur noch auf dem Papier gestanden hatten. Und zudem gab es für diese amerikanischen Motoren natürlich auch keine Probleme bei der Ersatzteilversorgung. Für bessere Leistungen sorgten auch die neuinstallierten Verstellpropeller.

Damit war die Renaissance der alten Ju aber noch nicht abgeschlossen: Das Fahrwerk wurde durch Räder und Bremsen des US-Transportflugzeugs Curtiss C-46 „Commando" ersetzt, und eine ganze Reihe von Geräten und Instrumenten verpflanzten die Techniker aus den verschiedensten amerikanischen Flugzeugtypen in den alten Rumpf der Tante Ju.

Auch das äußere Erscheinungsbild verwandelte sich: Martin Caidin ließ seine Ju 52 in einer Phantasiebemalung streichen – dunkelgrün mit Balkenkreuzen –, die an das Aussehen der deutschen Transportflugzeuge im Zweiten Weltkrieg erinnern sollte. Und mit diesem aufgemöbelten Prunkstück ging Caidin ab Ende 1976 wieder auf Tournee quer durch die Vereinigten Staaten.

Jahrelang flog der mit vielen Büchern erfolgreiche Schriftsteller die tollsten Vorführungen, und seine Liebesbeziehung zu der alten Maschine beschrieb er 1979 in seinem Buch "The Saga of Iron Annie".

Auf diese eiserne Lady wurde schließlich die Lufthansa aufmerksam, als sie 1984 in aller Welt nach einer Ju 52 suchte. Rechtzeitig zum 60. Gründungstag der Fluggesellschaft sollte eine Tante Ju ab 1986 wieder in Deutschland fliegen. Immerhin gab es nicht mehr viele dieser alten Maschinen, die noch flugfähig gewesen wären, und die meisten davon stammten aus der Nachkriegsproduktion in Spanien.

Die letzte Gelegenheit, eine Ju 52 aus der originalen Junkers-Serie in die Hände zu bekommen, ließ sich die Lufthansa nicht entgehen. Im Sommer 1984 wurde man mit Martin Caidin schließlich handelseins. Aber die Unterhändler der Lufthansa stellten eine Bedingung: Die Maschine mußte in Hamburg vor der Haustüre der Werft übergeben werden – erst dann war der Kaufvertrag erfüllt.

Wer aber geglaubt hatte, die Tante Ju würde sich die Rückkehr in die alte Heimat bequem machen und sorgsam in Kisten verpackt per Schiff von den USA nach Deutschland reisen, der wurde eines besseren belehrt: Martin Caidin hatte den Ehrgeiz, die Maschine auf dem Luftweg zurückzubringen.

Die Tante Ju als Geschenk für Amerika

Als die Lufthansa im Frühjahr 1987 nach langjährigen und schwierigen Verhandlungen die Liniendienste nach Washington aufnehmen konnte, versprach sie, das Gastgeschenk nachzuliefern.

Am 19. November desselben Jahres war es dann soweit: Auf dem Dulles International Airport stand eine blitzblanke Ju 52, die dem National Air and Space Museum übergeben werden sollte. Unter den Flaggen der Vereinigten Staaten, der Bundesrepublik Deutschland und der Reedereiflagge der Lufthansa hatten sich viele Gäste versammelt, darunter amerikanische Journalisten und rund 120 Kollegen des deutschen Luftfahrt-Presse-Clubs, der gerade in Washington tagte.

Als neue Besitzer nahmen Dean Anderson, Under Secretary of the Smithsonian Institution und Dr. Martin Harwit, der Direktor des National Air and Space Museums symbolisch ein Steuerhorn der Ju 52 entgegen. Auch für Ron Davies, den Curator des Museums ging damit ein langgehegter Wunsch in Erfüllung: Er hatte schon lange nach einer Ju 52 für diese weltberühmte Sammlung gesucht.

„Hugo Junkers, der Schöpfer der Ju 52, war davon überzeugt, daß deutsche Forschungs- und Entwicklungsfähigkeiten und amerikanische Management- und Produktionsmethoden eine ideale Kombination darstellen", erklärte Lufthansa-Vorstandsmitglied Frank Beckmann in seiner Rede, „deshalb schickte er seinen Sohn, den späteren Ju 52-Produktionschef Klaus Junkers, zu Henry Ford in die USA, um von den Amerikanern zu lernen."

Es war gar nicht so einfach gewesen, neben dem Traditionsflugzeug der Lufthansa, der in Deutschland seit Frühjahr 1986 fliegenden D-AQUI noch einen weiteren Oldtimer dieses Typs aufzutreiben. Aber in England wurde Karl-Dieter Rath, der Technische Leiter der Deutsche Lufthansa Berlin Stiftung dann doch fündig.

Die aus spanischer Nachkriegsproduktion stammende Ju 52 wurde fachgerecht zerlegt und per Schiff von Southampton nach Baltimore verfrachtet. Auf dem Flughafen Dulles International in Washington sorgten dann Karl-Dieter Rath und seine Kollegen Werner Schemberger, Heinz Jürgen Duwe und Dieter Wnendt von der Hamburger Lufthansa-Werft zusammen mit Fachleuten der amerikanischen Firma Page Avjet für die Montage und die originalgetreue Restaurierung und Bemalung der Maschine.

Diese auf den Namen „Otto Lilienthal" getaufte Junkers Ju 52 mit dem Kennzeichen D-ADLH ist zwar nicht mehr flugfähig, aber sie wird in einer neuen, großen Halle des Air and Space-Museums auf dem Gelände des Flughafens Dulles International die historischen Leistungen des deutschen Flugzeugbaus würdig vertreten.

Nachdem die Ju 52 ab 1957 fünf Jahre lang im Amazonas-Gebiet geflogen war, wurde sie zunächst stillgelegt, dann aber von einem amerikanischen Oldtimer-Fan in die USA geholt. Sie wechselte dort mehrmals den Besitzer, bis sie vom Schriftsteller Martin Caidin wieder aufpoliert und für Airshows eingesetzt wurde.

Eine Nordatlantik-Überquerung mit einer Ju 52, das hatte es noch nie gegeben. Aus der Geschichte der Tante Ju wußte man zwar, daß sie zu fast allem fähig war, aber diese alte Dame war schließlich nicht mehr ganz taufrisch, und über dem Atlantik lauerten Risiken, die einem Oldtimer durchaus gefährlich werden konnten. Denn hoch über dem Wetter wie die modernen Jets kann der alte Vogel nicht fliegen, also ist er in seiner üblichen Flughöhe von 2000 bis 3000 Metern allen Unbilden des Wetters ausgesetzt.

Das Wagnis war aber beschlossene Sache. Martin Caidin hatte eine erfahrene Besatzung angeheuert, die der Tante Ju diese Gewalttour durchaus zutraute. Der Berufspilot Clark Woodard, sein Copilot John Wilson und der Bordmechaniker Terry Ritter begannen, im Dezember 1984 die Ju 52 auf ihren Abenteuer-Trip über 8000 Kilometer Flugstrecke vorzubereiten: In der Kabine wurden riesige Zusatztanks eingebaut, um die Reichweitenreserven zu erhöhen, die Notausrüstung einschließlich Leuchtpistolen, Notsender und Schlauchboot kam an Bord, und die Besatzung versorgte sich mit dicken Pullovern und Decken, denn von der kleinen Zusatzheizanlage in der Kabine waren bei winterlichen Außentemperaturen keine Wunder zu erwarten.

Bevor die Besatzung am 12. Dezember 1984 an Bord ging, malte Clark Woodard an den Rumpf der Tante Ju mit weißer Farbe die Worte „Nach Hause – Going home!" Keiner zweifelte schließlich daran, daß sie die Heimkehr nach Old-Germany schaffen würde.

Die ersten Etappen vom Flugplatz Opa Locka in Florida über Savannah, Georgia und Pittsburg, Pennsylvania nach Bangor an der Nordostecke der USA waren noch Routinesache.

Das Cockpit der Ju 52 war für diesen Flug so gut ausgerüstet worden, daß sie wie ein moderner Airliner im Instrumentenflug von Funkfeuer zu Funkfeuer navigieren konnte.

Aber beim ersten Startversuch in Bangor gab es einen Vorgeschmack auf das, was der Winter zu bieten hatte: Eisige Temperaturen von minus zehn Grad machten den Motoren beim Anlassen zu schaffen. Und als die Ju auf der Startbahn schon Fahrt aufgenommen hatte, versagte die Propellerverstellung des linken Motors – der Start mußte abgebrochen werden. Zwei Tage lang versuchte die Besatzung, die Seilzüge der Propellerverstellung mit Fett gegen erneutes Einfrieren zu präparieren. Dann schien die Maschine klar zu sein für die beschwerliche Weiterreise.

Jetzt ging es in Richtung Goose Bay in Labrador, der letzten Station auf dem nordamerikanischen Kontinent. Die Route sollte in mehreren Etappen über Grönland, Island und Schottland führen. Denn für einen Non-stop-Flug über den großen Teich hätte der Treibstoffvorrat trotz der Zusatztanks natürlich nicht gereicht. Ganz abgesehen davon, daß die Ju mit ihrer eher bedächtigen Fortbewegungsart für einen Atlantikflug ziemlich genau so lange gebraucht hätte wie Charles Lindbergh mit seiner einmotorigen „Spirit of St. Louis" im Jahr 1927.

Aber mitten über den Eiswüsten Kanadas passierte das Malheur. Peter Thomsen, der als Reporter der Illustrierten „STERN" an diesem Flug teilnahm, erlebte die aufregenden Augenblicke so: „Plötzlich ein lauter Schlag von

Im Sommer 1984 erwarb die Lufthansa diese Ju 52, eines der letzten noch flugfähigen Exemplare. Nach einem abenteuerlichen Flug über den Nordatlantik landete der Veteran am 28. Dezember 1984 in Hamburg (links): Zur Begrüßung blies Flugkapitän Woodard auf einer Trompete die deutsche Nationalhymne (oben).

vorn. Ein Funkenregen stiebt an meinem Fenster vorbei. Terry läßt wortlos seine Tabelle fallen und hastet ins Cockpit. Heftiges Durcheinander im Kopfhörer. Die Maschine ist spürbar langsamer geworden. Es sieht so aus, als hätte einer der Motoren seinen Geist aufgegeben."

Genau so war es auch: Der Mittelmotor des Veterans drehte sich zwar noch, aber er schien kaum noch Leistung abzugeben. Von der Flugsicherung wurde die Ju zum nächstgelegenen Flugplatz dirigiert, nach Seven Islands am St.-Lorenz-Strom. Mit den restlichen beiden Motoren fiel es den Piloten nicht schwer, den Landeanflug zu schaffen. Aber als die Maschine am Boden ausgerollt war, zeigte sich das Unglück in seinem ganzen Ausmaß: Am defekten Motor war ein Zylinder gerissen.

Ein längerer Zwangsaufenthalt schien unvermeidlich. Aber innerhalb von nur vier Tagen waren die telefonisch bestellten Ersatzteile da, und der Mittelmtotor lief wieder wie ein Uhrwerk. Bei 20 Grad unter Null machte sich die Ju 52 auf die Reise nach Narssarssuaq auf Grönland. Aus dem Zwischenstopp wurde aber eine mehrtägige Pause, denn das Wetter verschlechterte sich so sehr, daß an einen Weiterflug nicht zu denken war.

Ein vertrautes Bild für die Hamburger: Die Ju 52 über dem „Michel", dem Wahrzeichen der Hansestadt (unten).

Luftaufnahme freigegeben vom Senator für Häfen, Schiffahrt und Verkehr Bremen unter Nr. MBB 86-0402/27

Inzwischen war es Weihnachten geworden. Die Besatzung feierte mitten zwischen den Eisriesen Grönlands, und erst am zweiten Feiertag konnten sie den nächsten Sprung übers Wasser wagen – nach Reykjavik auf Island. Auch hier gab es, wie fast auf allen Zwischenlandestationen, viele Neugierige, die den Oldtimer aus einer längst vergangen geglaubten Zeit bewundern wollten.

Fünf Stunden lang sollte die nächste Etappe über die Weiten des Nordatlantik bis nach Prestwick in Schottland dauern. Auf halbem Wege machte die Propellerverstellung des linken Motors wieder Ärger, doch Umkehren hätte ebenso lange gedauert wie Weiterfliegen. Also hielten die Piloten eisern ihren Kurs nach Südost bei, und sie erreichten wohlbehalten die britische Insel.

Von Prestwick war es über den Zwischenstopp in Liverpool nicht mehr weit bis zur Heimat. Erst als die Elbe schon in Sicht war, versagte die Propellerverstellung noch einmal ihren Dienst. Aber das störte die Besatzung nun auch nicht mehr sonderlich: Die Tante Ju donnerte schon wenig später, begleitet von einem Foto-Hubschrauber, der dieses denkwürdige Ereignis dokumentieren sollte, über die Hamburger Innenstadt. Die Schneewolken hingen an diesem 28. Dezember 1984 so tief über der Hansestadt, daß die Ju fast zum Greifen nah um den Hamburger Michel kreiste.

Die Landung auf dem Hamburger Flughafen absolvierte der weitgereiste Veteran so selbstverständlich, als wäre es nur auf einem kurzen Ausflug unterwegs gewesen. Die Besatzung einer Boeing 737 City Jet der Lufthansa wollte allerdings ihren Augen kaum trauen, als mitten im Schneegestöber die Tante Ju ihren Weg kreuzte: Daß die alte Dame den Vortritt eingeräumt bekam, akzeptierten sie natürlich gerne.

Vor der Halle der Lufthansa-Werft wartete schon das Empfangs-Komitee. Mitarbeiter der Werft, aber auch die Presse hatten sich eingefunden, um die Ju 52 gebührend zu begrüßen. Für eine kleine Überraschung sorgte Flugkapitän Woodard: Kaum waren die Motoren abgestellt, öffnete er die Luke im Cockpit, zwängte sich in die kalte Winterluft hinaus und blies auf einer Trompete die deutsche Nationalhymne. Erleichtert waren sie alle, die amerikanische Besatzung, daß sie diesen abenteuerlichen Atlantikflug trotz aller bangen Augenblicke gut überstanden hatte, die Lufthanseaten, daß sie ihr Traditionsflugzeug wohlbehalten vor die Tür gestellt bekamen. Die Tante Ju wurde in die wohltemperierte Werfthalle geschoben, und als sich die riesigen Tore geschlossen hatten, begann ein ganz neues Kapitel im Leben dieses Veterans.

Ju 52-Flüge in Afrika und in der Schweiz

Nicht nur bei der Lufthansa steht die Ju 52 noch in hohen Ehren. Auch die South African Airways betreibt eine dieser historischen Maschinen für Flugvorführungen und nostalgische Passagiertouren.

Der aus spanischer Nachkriegsproduktion stammende Oldtimer wurde 1981 erworben und konnte nach einer peniblen Grundüberholung pünktlich zum 50jährigen Jubiläum der South African Airways am 1. Februar 1984 wieder in alter Frische in Dienst gestellt werden. Denn auch im Südteil des afrikanischen Kontinents hatte die Ju 52 in den dreißiger Jahren eine Pionierrolle beim Aufbau des Luftverkehrs gespielt (ganz oben).

Gleich drei Ju 52 fliegen noch in der Schweiz. Sie waren 1939 von der schweizerischen Fliegertruppe bei den Junkers-Werken in Dessau als „fliegende Hörsäle" für Ausbildungszwecke gekauft worden.

Als die Fliegertruppe diese in Ehren ergrauten Maschinen im Jahr 1981 außer Dienst stellte, sollten sie eigentlich in Museen abgeschoben werden. Aber der Verein der Freunde des Museums der schweizerischen Fliegertruppen wollte sich damit nicht abfinden. Er sorgte dafür, daß diese drei Prachtstücke, angetrieben von ihren je 660 PS leistenden BMW 132-Sternmotoren in ihrem Element bleiben konnten.

So fliegen die drei Ju 52 mit dem Schweizer Kreuz seitdem auf vielen Flugtagen, und die Nachfrage nach Tickets für Rundflüge oder auch für Gruppenreisen ist riesengroß (oben).

Verjüngungskur für die alte Dame

Mit Begeisterung und Einfallsreichtum machten sich die Lufthanseaten in der Hamburger Werft an die schwierige Überholung der alten Tante Ju. Viele Freunde und ehemalige Junkersleute halfen mit Rat und Tat.

Da stand sie nun wieder auf heimatlichem Boden, die Tante Ju, und wartete auf ihre Verjüngungskur. Aber es sollte mehr daraus werden – ein regelrechter Klinikaufenthalt von 15 Monaten: Denn mit äußerlichen Retuschen, so stellte sich bald heraus, konnte es nicht abgehen. Die unter Dr. Klaus Stahlschmidt gebildete Technikermannschaft in der Hamburger Lufthansa-Werft hatte nämlich schon bei den ersten Überprüfungen des Veteranen feststellen müssen, daß sich in allen Ecken und Winkeln der Maschine schwere Korrosionsschäden gebildet hatten.

„Der Zustand der alten Ju war desolat", erinnert sich Dr. Klaus Stahlschmidt, und man konnte sich nur über die strukturellen Reserven wundern, die es möglich gemacht hatten, daß der Oldtimer den strapaziösen Flug über den Atlantik noch heil überstanden hatte.

Zuerst hatten die Lufthanseaten noch geglaubt, sie könnten es mit einigen Reparaturen an der Struktur und mit dem Einbau moderner Systeme bewenden lassen. Aber je gründlicher die Diagnose fortschritt, desto schneller wurde klar, daß die alte Ju fast bis zur letzten Schraube grundüberholt werden mußte. Nur – woher sollte man die dafür unbedingt erforderlichen Unterlagen bekommen? Die Lufthanseaten sind es zwar gewohnt, täglich mit Boeings und Airbussen umzugehen, aber ein Flugzeug aus der Pionierzeit der Luftfahrt fachgerecht zu überholen, das schien die Fähigkeiten der Mechaniker und Techniker in Hamburg zu überfordern. Sie sind es schließlich gewohnt, nach genau festgelegten Anweisungen vorzugehen.

Aber die Suche nach Dokumenten war schon bald erfolgreich: „Vom Deutschen Museum in München bekamen wir Zeichnungen und an-

Kaum war die Ju 52 mit ihrer phantasievollen Bemalung aus den USA zurückgekehrt, machten sich die Lufthanseaten der Hamburger Werft schon daran, die Maschine in ihre Einzelteile zu zerlegen.

Die Demontage der Maschine brachte unliebsame Überraschungen: Viele Teile waren von Korrosion befallen.

dere Unterlagen, die wir vervielfältigt in den Betrieb geben konnten", berichtet Bernhard Mackenthun. Auch aus Skandinavien kamen Informationen, von der spanischen Firma CASA, wo die Ju 52 bis in die Nachkriegsjahre hinein gebaut worden war, vom Vorbesitzer Martin Caidin, und auch aus der Schweiz, wo noch drei Ju 52 aus der Original-Produktion der Junkers-Werke fliegen.

Jetzt zeigte sich, wie viele Freunde die Tante Ju wirklich hatte, denn auch Privatleute, frühere Junkersmitarbeiter und Piloten halfen mit Rat und Tat. Und in der Lufthansa-Werft gab es noch den Meister Franz-Heinrich Ilse: „Ich war seit 1938 bei den Junkers-Werken", berichtete er nicht ohne Stolz, „und während des Krieges habe ich die Ju auch noch selbst geflogen." Tatsächlich konnte er mit seinen Erinnerungen und Erfahrungen aus der Produktionszeit der Ju 52 bei vielen kniffligen Problemen so manche wertvolle Tips geben.

Beim amerikanischen Vorbesitzer Martin Caidin hieß die Tante Ju „Iron Annie", aber sie hatte nach vielen Schäden und Reparaturen keine eiserne Konstitution mehr.

So konnten die Techniker der Hamburger Werft schließlich mit einer Original-Reparaturanweisung der Junkers-Werke aus dem Jahr 1944 an die Arbeit gehen. Ganze Spanten des Rumpfes wurden erneuert, und das Brandschott zwischen dem Mittelmotor und dem Cockpit mußte den modernen Sicherheitsbestimmungen entsprechend aus Titanblech gebaut werden.

Die Metallflugzeugbauer der Lufthansa konnten nun wirklich zeigen, was sie gelernt hatten – und noch viel mehr: „Da war Kreativität gefragt", erklärte Dr. Klaus Stahlschmidt, „und unsere Facharbeiter hatten oft die besten Ideen, wenn es darum ging, auch ohne geeignete Zeichnungen Strukturteile, Instrumente oder Steuerungselemente einzubauen." Denn es konnte nicht in erster Linie darum gehen, die Ju 52 quasi als Museumsstück bis ins letzte Detail originalgetreu zu restaurieren: „Wir wollten nicht aus Nostalgiegründen Dinge in der Maschine belassen, die die Sicherheit beeinträchtigen könnten."

Täglich war mit Überraschungen zu rechnen, und fast jede Besprechung der Techniker geriet zu einer Krisensitzung. „Die Kollegen in der Materialbeschaffung brauchten gleichermaßen Einfallsreichtum und Ausdauer", berichtet Bernhard Mackenthun, „denn so riesig auch das Material- und Ersatzteillager unserer Lufthansa ist, viele Positionen, die für ein vor rund 55 Jahren konstruiertes Flugzeug gebraucht werden, sucht man selbst hier vergebens."

Das Fahrwerk der Tante Ju beispielsweise gab Anlaß für manche Krisensitzung. Die Streben und die Federbeine konnten zwar nach einer genauen Rißprüfung und penibler Konservierung wieder getrost verwendet werden, aber mit den ohnehin nicht mehr originalgetreuen Rädern wollten sich die Lufthanseaten nicht mehr zufriedengeben. Woher sollte aber Ersatz kommen? Ein Junkers-Fahrwerk war nirgendwo zu haben, ganz abgesehen davon, daß das originale Druckluft-Bremssystem der alten Ju 52, das durch Zurückziehen der beiden äußeren Gashebel betätigt wurde, nicht unbedingt den besten Bedienkomfort für die Piloten bot.

Von der Größe her hätte am besten das Fahrwerk eines Noratlas-Transporters gepaßt, der in den fünfziger Jahren in Frankreich und auch in deutscher Lizenz gebaut worden war. Aber die französische Fahrwerks-Spezialfirma Messier hatte die Produktion von Ersatzteilen längst aufgegeben – was also tun? Da kam der Zufall zu Hilfe: Im Museum Leo Junior und bei der Armee de l'Air fanden sich genügend Teile eines Noratlas-Fahrwerks, und so konnten die Naben und das ganze hydraulische Bremssystem dieser Nachkriegsmaschine in die Tante Ju problemlos eingebaut werden.

Nur mit der amtlichen Zulassung dieses eigentlich für ein Militärflugzeug gebauten Fahrwerks haperte es. Aber das Luftfahrt-Bundesamt, das die Überholungsarbeiten an der Tante Ju peinlich genau verfolgte, zeigte sich kulant: Die zivile Zulassung dieses Implantats wurde erteilt. Überhaupt hatten die Beamten des Braunschweiger Amtes sehr viel übrig für die alte Dame. Sie akzeptierten die ja eigentlich nie erloschene Originalzulassung der Ju 52 als ziviles Flugzeug und forderten nur

Zwischen den modernen Jet-Airliner wirkte die zerlegte Ju 52 in der Hamburger Werft wie ein Fossil aus uralten Zeiten.

eine „ergänzende Musterzulassung", wie es im Paragraphendeutsch heißt, um die notwendigen Veränderungen an der Maschine zu berücksichtigen.

Inzwischen stapelten sich im provisorisch etablierten „Konstruktionsbüro" auf der Galerie in Halle 1 der Lufthansa-Werft die Zeichnungen und Pläne. Souverän dirigierte Meister Ilse die verschiedenen Arbeitsgruppen, die aus dem völlig ausgeschlachteten Torso der alten Ju 52 wieder ein komplettes Flugzeug machen wollten.

Besondere Sanierungsmaßnahmen waren an den Tragflächen nötig. Bei der Diagnose hatten sich so schwere Schäden gezeigt, daß die Restaurierung schon fast einem halben Neubau gleichkam. So mußten die tragenden Holme der beiden äußeren Flügelstücke teilweise erneuert und an die noch verwendbare Struktur angeschäftet werden, und an der rechten Tragfläche der Ju 52 war eine fast komplett neue Flügelnase fällig.

Viel Begeisterung und Engagement waren gefragt, um den Veteranen in monatelanger Arbeit wieder flugfähig zu machen (oben). Aber die Lufthanseaten ließen keinen Zweifel daran, daß sie ihrer Tante Ju noch einige weitere Jahrzehnte zutrauten (links).

Unversehens waren die Lufthansa-Techniker zu halben Flugzeugbauern geworden. Sie hatten Probleme zu lösen, mit denen sie in ihrer bisherigen Routinearbeit bei der Überholung von modernen Jet-Airlinern noch nie konfron-

Nur wenig gab es an den großen Sternmotoren zu bemängeln: Sie brachten nach gründlicher Reinigung und Inspektion wieder ihre volle Leistung von 600 PS (oben und rechts).

Ideenreichtum war gefragt, als neues Wellblech hergestellt werden mußte: Zuerst wurden mit einer Abkantpresse die Wellen gelegt (ganz rechts), dann konnte in einer Art Wringmaschine die notwendige Kontur gebogen werden.

tiert worden waren. Als sich herausgestellt hatte, daß nicht nur ein Zehntel der Rumpfbeplankung, sondern auch fast die Hälfte aller Steuerflächen der ramponierten Maschine völlig erneuert werden mußte, da war guter Rat teuer. Denn nirgendwo gab es eine Firma, die das für die Junkers-Flugzeuge so typische Wellblech liefern konnte. Wie sollte man nun die vielen Löcher im Kleid der Tante Ju nach der Mode der dreißiger Jahre flicken?

Mit Phantasie und Einfallsreichtum gingen die Lufthanseaten ans Werk: Wenn man schon kein neues Wellblech mehr kaufen konnte, dann mußte man es eben selbst fabrizieren. Nach vielen Versuchen gelang das auch: „Auf einer normalen Abkantpresse wurden die Wellen einzeln ins Blech gelegt", erklärt Dr. Klaus Stahlschmidt, „mit Schablonen konnte Welle für Welle gebogen werden." Mit einer Serienfertigung war dies aber nicht getan, denn die Tante Ju hat drei verschiedene Wellengrößen in ihrem Blechkleid, je nachdem um welchen Bauteil es sich handelt. Mit verschieden großen Schablonen gelang auch dieses Kunststück, den Flugzeugbau der Pioniere so perfekt wie möglich nachzuahmen.

Wie sehr die Restaurierung dieses Oldtimers das Engagement der Lufthanseaten anregte, das war besonders deutlich in der Lehrwerkstatt zu spüren: „Die Auszubildenden bekommen direkten Kontakt zu der sagenhaften Tante Ju, von der mancher Ausbilder ihnen etwas vorgeschwärmt hatte", erklärt Bernhard Mackenthun. „Nun sind ständig mehrere Metallflugzeugbauer am Neuaufbau und der Anfertigung von Strukturteilen und an der Beplankung für Flächen, Leitwerk und Ruder beteiligt."

Eine Sonderaufgabe forderte die Nachwuchs-Flugzeugbauer ganz besonders heraus: Sie sollten die Glaskanzel des Cockpits neu aufbauen. Filigrane Verstrebungen mußten genietet und neue Glasscheiben installiert werden, bis den Rumpfbug der Ju 52 wieder eine blitzblanke Kanzel schmückte, die eher einem lichtdurchfluteten Glashaus gleicht als einem der modernen Cockpits.

So sehr die Ju 52 nach einigen Monaten der Behandlung rein äußerlich wieder die vertrauten Konturen anzunehmen begann, so gründlich wurde sie im Inneren modernisiert. Zusammen mit den Piloten, die die Tante Ju wieder fliegen sollten, wurde für das Cockpit eine Ausrüstung zusammengestellt, von der die alten Aviateure nur träumen konnten.

Zwar sollte das Erscheinungsbild des Führerraums so weit wie möglich bewahrt werden, aber die Instrumente und Geräte mußten natürlich dem modernen Stand der Technik entsprechen: „Bei der Sicherheit gibt es keine Kompromisse", stellte Dr. Klaus Stahlschmidt klar, „wir wollten an die Zuverlässigkeit und Sicherheit der damaligen Ju 52 anknüpfen und dies auch unter den heutigen Luftraumverhältnissen erreichen." Denn in den alten Tagen, als die Ju 52 das Bild auf den Flughäfen bestimmte, gab es noch viel mehr Platz am Himmel als heute. Ohne eine moderne Ausrüstung würde sich die Tante Ju trotz ihrer unbestrittenen Qualitäten auf den dicht beflogenen Luftstraßen unserer Tage kaum noch zurechtfinden können.

Für die Fachleute der sogenannten ERI-Abteilung (Elektronik, Radio, Instrumente) in der Hamburger Lufthansa-Werft bedeutete das eine interessante Herausforderung. Sie orientierten sich an den Cockpits moderner Typen der Lufthansa-Flotte, an der Boeing 737 und am Airbus A310, wählten aus ihrem Fundus die geeigneten Instrumente aus und begannen, der Ju 52 ein ganz neues, elektronisches Innenleben einzuhauchen.

Zwei moderne Sprechfunkgeräte wurden installiert, aber auch je zwei Navigationssysteme zum Anpeilen der UKW-Funkfeuer, die die Luftstraßen markieren, und natürlich durfte auch eine doppelte ILS-Anlage für Instrumentenlandungen nicht fehlen. Dazu kamen noch ein Mittelwellen-Navigationsgerät, Entfernungsmeßgeräte und zwei Radiokompasse. Das alles hatte es in der Jugend der Tante Ju noch nicht gegeben, aber ohne diese elektronischen Wunderkästen könnte sie sich heute in einem von der Flugsicherung geführten, immer dichteren Luftverkehr nicht mehr sicher genug bewegen.

Um aber diese in einem Wellblechrumpf geradezu avantgardistisch anmutenden System der Neuzeit überhaupt betreiben zu können, mußte auch die ganze Stromversorgung der Maschine ganz neu entworfen werden. Was damals für die wenigen elektrischen Geräte und für die spärliche Beleuchtung der Ju 52 an elektrischer Energie völlig ausreichte, das genügte den Ansprüchen des Elektronik-Zeitalters natürlich nicht mehr.

Wenn die Ingenieure der Lufthansa aber ans Werk gehen, dann machen sie keine halben Sachen. So orientierten sie sich an den Systemen des Airbus A310, bauten zwei Stromgeneratoren ein, die unabhängig voneinander zwei völlig getrennte elektrische Bordnetze speisen können. Um den Sicherheitsstandard so hoch wie möglich zu treiben, wurden aber Kreuzschaltungen eingebaut, so daß jeder der beiden Generatoren das jeweils andere Netz versorgen kann.

Zu den wichtigsten Änderungen gehörte der Einbau eines Brandschotts aus Titanblech – ein Beitrag zur Sicherheit.

Am Fahrwerk wurden die Räder samt Bremsanlage durch Teile aus dem französischen Transporter Noratlas ersetzt.

Auf Nummer Sicher gingen die ERI-Experten auch bei der Notstromversorgung: Unabhängig voneinander sorgen zwei leistungsfähige Nickel-Cadmium-Batterien für Energie, wenn ein Generator ausfallen sollte. Sogar im schlimmsten Falle, wenn beide Generatoren ihren Dienst quittieren sollten, können die Batterien eine halbe Stunde lang die wichtigsten Geräte und Instrumente im Cockpit mit Energie beschicken. Daß die lebenswichtigen Funktionen dieser Anlagen mit einer zentralen Warnung genau überwacht werden können, versteht sich fast von selbst.

Wie man mit modernen Mitteln die kleinen Schwächen einer alten Dame ohne viel Aufhebens egalisieren konnte, das zeigen diese Beispiele: Die drei Sternmotoren der Ju 52 sorgen im Cockpit nämlich für eine nicht gerade komfortable Umgebung. Den Vibrationen der insgesamt 27 Zylinder sind aber nicht alle Instrumente gewachsen, die heute für die wesentlich ruhigeren Jets gebaut werden.

Man wußte Rat: Das ganze Instrumentenbrett hängt in doppelten Schockdämpfern, die das Rütteln der Motoren schon weitgehend abmildern. Einige Instrumente, wie die Triebwerksanzeigen, holten sich die Lufthansa-Techniker aber dennoch vorsichtshalber aus einer Serie, die speziell für Hubschrauber entwickelt wurde: Da sie Vibrationen und Schwingungen besonders gut verkraften müssen, schienen sie für die Ju 52 gerade gut genug.

Ein besonderes Problem war natürlich auch der Lärm im Cockpit. Nicht daß sich die Piloten selbst davon hätten stören lassen – für sie ist das Donnern der Kolbenmotoren ja geradezu Musik in den Ohren. Aber bei der Verständigung über das Mikrophon drohte der von draußen fast ungedämpft ins Cockpit dringende Schallpegel von fast 100 Dezibeln jedes Wort zu ersticken. Abhilfe schafften Sprechgeschirre wie sie auch in Panzern verwendet werden: Jetzt können sich die Piloten der Tante Ju untereinander und mit den Fluglotsen am Boden so gut verständigen, daß die Stimmbänder auch nach stundenlangem Flug noch keinen Schaden leiden.

Viel gab es aber auch in der Kabine zu tun. Denn die künftigen Passagiere des Lufthansa-Traditionsflugzeugs sollten zwar in nostalgisch anmutendem Ambiente, aber dennoch mit größtmöglicher Sicherheit befördert werden können. Zu den wichtigsten Maßnahmen gehörte es, daß der ganze Fußboden samt den

Viele Hände packten zu, als die Flügel wieder an den Rumpf montiert werden konnten.

darin eingelassenen Schienen zur Befestigung der Passagiersitze in die Rumpfstruktur integriert werden mußte. Denn aus Sicherheitsgründen müssen die Sitze mit ihren Verankerungen eine Belastung von nicht weniger als dem Neunfachen der Erdbeschleunigung verkraften – so wollen es die Vorschriften der Luftfahrtbehörden.

Beim Design der Sitze selbst hatten die Konstrukteure das alte Mobiliar der dreißiger Jahre nachempfunden, und auch die geflochtenen Gepäcknetze versuchen die Atmosphäre der

Pionierzeit zurückzuholen. Aber wo früher bis zu 17 Sitze Platz finden mußten, sollte den künftigen Passagieren etwas mehr Komfort geboten werden: Die 14 Sitze sind genau so installiert, daß jeder Passagier neben sich ein großes Fenster hat – doppelt verglast natürlich, damit das Dröhnen der Motoren nicht mit allen Dezibeln bis in die Kabine durchdringen kann. Auch die Decke und die Wände sind wirksam isoliert und mit vornehm getöntem Fibrelam verkleidet.

Für das Wohl der Zeitreisenden in die fliegerische Vergangenheit sorgt natürlich auch die kleine Erfrischungsbar. Und der Flugbegleiter kann von seinem Sitz im hinteren Teil der Kabine aus den Passagiere über Mikrophon die Schönheiten der Landschaft erklären, die die Maschine gerade überfliegt. Nicht fehlen durfte ein Mini-WC mit Handwaschbecken – ein unentbehrliches Requisit, das aus einem der heute so komfortabel ausgestatteten Geschäftsreiseflugzeuge besorgt wurde.

Allmählich konnten die Einzelteile der Ju 52, monatelang in den verschiedenen Werkstätten der Lufthansa-Werft verstreut, nun wieder wie ein Puzzle zusammengesetzt werden. Alle Leitungen, Schläuche und viele Steuerzüge

Der Umgang mit Kolbenmotoren war ungewohnt für die Lufthanseaten – bei ihrer täglichen Arbeit haben sie es heute nur noch mit Düsenmotoren zu tun (oben und Mitte).

Besonders schwierig war die Verstärkung des Kabinenbodens, in den neue, den modernen Sicherheitsvorschriften entsprechende Schienen für die Passagiersitze eingebaut werden mußten (rechts).

waren erneuert, das Wellblechkleid strahlte wieder in altem Glanz.

Inzwischen waren auch die drei Motoren einer gründlichen Überprüfung auf Herz und Nieren unterzogen worden. Der Befund war überraschend gut ausgefallen. Es zeigten sich zwar einige Öllecks, und auch bei der Gemischanreicherung und bei den Öltemperaturen gab es einiges zu beanstanden, aber diese kleinen Mängel konnten schnell behoben werden: „Wir mußten nur die Propeller mit ihren Reglern überholen", freute sich Dr. Klaus Stahlschmidt, „die Motoren selbst wurden inspiziert und gereinigt, und dann zeigten sie auf dem Prüfstand auf Anhieb ihre volle Leistung von 600 PS." Bei Lufthansa gibt es allerdings keine Möglichkeit mehr, Kolbenmotoren zu testen. Denn seit fast drei Jahrzehnten dominieren die Jets im Luftverkehr, und in den Anlagen der Hamburger Werft können deshalb nur Düsenmotoren getestet werden.

Eine große Hilfe war es deshalb, daß sich die Firma Aeroexpress im benachbarten Uetersen bereiterklärte, die großen Sternmotoren auf ihrem Prüfstand zu fahren. Dort werden nach wie vor Kolbenmotoren für kleinere Privat- und Geschäftsreiseflugzeuge überholt, und die Arbeiten an den Pratt & Whitney-Triebwerken

Als die Reparaturen weitgehend abgeschlossen waren, gingen die Maler ans Werk: Die Tante Ju erhielt das historische Kennzeichen D-AQUI (oben).

In der Ära der Ju 52 gehörte das Heckrad noch zum Standard im Flugzeugbau (links).

der Ju 52 waren für die Mitarbeiter von Aeroexpress zweifellos eine willkommene Abwechslung.

Da die Sicherheit des Veteranen oberste Priorität hat, wurde die alte Feuerlöschanlage, die noch mit Tetrachlor-Kohlenwasserstoff arbeitete, durch wirkungsvollere, doppelt ausgelegte Halonlöscher ersetzt.

Natürlich hätten die Lufthanseaten gerne wieder die ursprünglichen 660 PS starken BMW 132-Motoren eingebaut. Aber das blieb – vorerst wenigstens – ein Wunschtraum. Immerhin haben die Pratt & Whitney 1340 S1H1, wie Dr. Klaus Stahlschmidt versichert, einige gewichtige Vorteile zu bieten: „Diese amerikanischen Triebwerke brauchen nur alle 1600 Stunden überholt zu werden, und Ersatzteile gibt es noch in Hülle und Fülle." Sorgen hatten allerdings die Motorenverkleidungen gemacht – sie waren von den Vibrationen regelrecht zerrüttet: „Das war eigentlich die schwierigste Einzelteilreparatur", bekannte Dr. Klaus Stahlschmidt.

So schien die Tante Ju nach knapp einem Jahr der gründlichsten Überholung und Verjüngung, die sie je in ihrem langen Leben über sich hatte ergehen lassen müssen, schon fast wieder komplett zu sein. Der Rumpf und die Flügel waren nicht nur mit Korrosionsschutz behandelt, sondern auch mit einem dreischichtigen Farbanstrich versehen. Die Kennzeichen wurden aufgemalt, das alte D-AQUI ganz groß, das neue amtliche D-CDLH verschämt unter dem Höhenleitwerk, und als die letzten Abdeckplanen fielen, sah der Veteran so aus, als ob er jeden Moment aus der Halle zum Start rollen könnte.

Doch viele Teufel saßen noch im Detail: So mußten die vielen Antennen für die Funk- und Navigationsgeräte erst vermessen werden, um ihre sichere Funktion garantieren zu können. Und das lange Staurohr am linken Flügel, mit dem die Geschwindigkeit ermittelt wird, war schwierig zu justieren.

Sicherheit steht eben an erster Stelle, und die Beamten rannten bei der Lufthansa offene Türen ein, wenn es darum ging, den Veteranen für die heutzutage viel umfangreicheren Zulassungsbestimmungen auszurüsten. Aber dieser hohe Sicherheitsstandard forderte auch seinen Preis: Die alte Dame brachte schließlich einige Pfunde mehr auf die Waage als in ihrer frühen Jugend. Daß sie sich diese kleine Schwäche aber kaum anmerken lassen würde, davon waren die Lufthanseaten allerdings überzeugt.

Das Jahr 1985 neigte sich seinem Ende zu, und die Lufthanseaten sahen ihr Ziel in greifbarer Nähe: Nur noch wenige Kleinigkeiten waren zu erledigen, bis die Verjüngungskur für die Tante Ju abgeschlossen werden konnte. Denn am 6. Januar 1986 sollte sie beim 60. Geburtstagsfest der Lufthansa in altem Glanz der Öffentlichkeit präsentiert werden.

Daß dieser Termin überhaupt eingehalten

Eingesäumt von Arbeitsbühnen sieht die Tante Ju dem Abschluß ihrer Generalüberholung entgegen.

werden konnte, das beweist, wie engagiert die Mitarbeiter der Hamburger Werft zu Werke gegangen waren. Denn die Grundüberholung dieses Oldtimers war doch sehr viel aufwendiger ausgefallen, als sich viele Lufthanseaten in der ersten Euphorie hatten träumen lassen. Zehntausende von Arbeitsstunden hatten sie geleistet, viele davon in der Freizeit.
unter natürlich nicht leiden.

Die Mühe hatte sich aber gelohnt: Nach der Heimkehr am Jahresende 1984 hatte die Tante Ju noch den Eindruck einer altersschwachen Greisin erweckt. Jetzt zeigte sie wieder die Vitalität einer rüstigen alten Dame. Der Erfolg dieser Kur mußte natürlich gefeiert werden, und so wurden in der Hamburger Werft alle Spuren der monatelangen Arbeit beseitigt, die Werkzeuge aufgeräumt und die Putzkolonnen rückten an, um der ganzen Halle festlichen Glanz zu verleihen.

Und mitten drin stand das wiederbelebte Glanzstück aus der Pionierzeit der Lufthansa: Die restaurierte Tante Ju wartete auf ihren großen Auftritt.

Neu lackiert am Seitenleitwerk: der Name Junkers, das bundesdeutsche Hoheitszeichen und der Lufthansa-Kranich (links).

Wie in der Endmontage der alten Junkers-Flugzeugwerke sieht sie nun wieder aus: die Tante Ju nach der über ein Jahr lang dauernden Restaurierung.

Neuer Start ins zweite Leben

Roll-out, Taufe und Erstflug – es gab viel zu feiern, als der glanzvoll restaurierte Veteran wieder in die Flotte der Lufthansa aufgenommen wurde.

Fast vierhundert Mitarbeiter der Lufthansa-Werft haben sich bei der Überholung der Ju 52 mit viel Können und noch mehr Idealismus engagiert (links).

Die erste Crew der neuen, alten Tante Ju: Die beiden Lufthansa-Kapitäne Heinz-Dieter Bonsmann und Kurt Matzak, dazwischen Brian Wallace, ihr Kollege von der South African Airways und eine Stewardeß (unten).

Es war ein Jubeljahr für die Lufthansa: Am 6. Januar 1986 feierte die nationale deutsche Fluggesellschaft in Berlin den 60. Jahrestag ihrer Gründung. Daß dabei in den Reden des Vorstandsvorsitzenden Heinz Ruhnau und des Regierenden Bürgermeisters von Berlin, Eberhard Diepgen, viel von Tradition die Rede war, das lag in der Natur der Sache.

Besonders begeisterten Beifall erntete aber Friedrich Andreas Fischer von Poturzyn: Mit seinen 93 Jahren schilderte der ehemalige Pressechef der Junkers-Werke in launigen

Die Pratt & Whitney Wasp-Motoren donnern wieder: Die Tante Ju ist klar zum Start in ihr neues Leben.

Worten die ersten, schwierigen Aufbaujahre des Unternehmens, das damals überwiegend mit Junkers-Flugzeugen sein nationales und internationales Streckennetz aufbaute. Und Fischer von Poturzyn war es auch, der schon 1925 den Namen „Lufthansa“ erfunden hatte. Beim Jubiläumsfest in Berlin ließ er seiner Begeisterung freien Lauf: „Für mich ist die Lufthansa ein fliegendes Heimatland.“

Einen Tag später in Hamburg: In der Lufthansa-Werft hatten sich Hunderte von Mitarbeitern versammelt, um nach einem Jahr intensiver Arbeit den „Rollout“ der restaurierten Junkers Ju 52 gebührend zu feiern.

„Heute führt uns hier in der Lufthansa-Werft Hamburg eine Pionierleistung besonderer Art

zusammen, eine Leistung zumindest, die den Pioniergeist alter Zeiten atmet und in eindrucksvoller Weise wiederauferstehen läßt," sagte Reinhardt Abraham, der stellvertretende Vorstandsvorsitzende der Lufthansa in seiner Rede. Und er erklärte seinen Mitarbeitern auch, wie und warum es überhaupt dazu gekommen war, daß die Lufthansa diese Maschine beschafft und zu neuem Leben erweckt

hat: „Diese Idee kam mir Anfang 1984 mit Blick auf das in zwei Jahren anstehende 60. Gründungsjubiläum der Lufthansa."

Reinhardt Abraham hielt mit Anerkennung für seine Restaurierungsmannschaft nicht zurück: „Alle Werkstätten haben hervorragende Beiträge geleistet, insbesondere auch die Lehrwerkstatt." Er lobte das bewundernswerte Engagement, den Einfallsreichtum und das große handwerkliche Geschick seiner Mitarbeiter. Und in der Tat wäre eine so ungewöhnliche Aufgabe wie die Restaurierung eines Jahrzehnte alten Oldtimers kaum möglich gewesen, wenn nicht ein verschworenes Team von Enthusiasten auch über die tägliche Routine hinaus zu außergewöhnlichen Leistungen bereit gewesen wäre.

Auf dieses gar nicht so selbstverständliche Engagement der Lufthanseaten und ihrer Familien, ging auch Flugkapitän Heinz-Dieter Bonsmann in seiner Roll-out-Rede ein: „Dank gebührt allen Ehefrauen, die geduldig das neue Hobby ihrer Männer akzeptiert, und manchmal auch ertragen haben, vorübergehend die zweite Rolle zu spielen." Mit guter Miene hätten sie immer wieder Gespräche und Anrufe wegen der Ju entgegengenommen und klaglos den immer höher werdenden Aktenberg von Konstruktionszeichnungen und Betriebshandbüchern zur Seite geräumt: „Aber ich glaube, wenn sie heute die Freundin im neuen Blechkleid sehen, können sie ihre Männer verstehen."

Die ganze Belegschaft der Hamburger Werft feierte am 7. Januar 1986 den Rollout ihrer Ju 52 (links oben).

Weder die Tante Ju noch ihre Crew ließen sich beim „Erstflug" am 1. April 1986 vom schlechten Wetter stören (oben).

Die Taufrede am 6. April 1986 hielt Reinhardt Abraham, Stellvertretender Vorstandsvorsitzender der Lufthansa (oben), der neue Name: „Berlin-Tempelhof“ (rechts).

Im Blitzlichtgewitter der Photographen taufte Frau Erika Abraham zusammen mit Siegmund Jaroch, dem Bürgermeister des Berliner Bezirks Tempelhof die auf Hochglanz polierte Ju 52 (oben).

Neben Flugkapitän Martin Gaebel, Vorstandsmitglied der Lufthansa, die beiden Ehrengäste Klaus Junkers und Karl Kössler, der Direktor des Luftfahrt-Bundesamtes (v.l.n.r.).

Flugkapitän Bonsmann deutete auch schon an, daß man eigentlich den Flugzeugpark historischer Maschinen noch mit Flugzeugen aus den Gründerjahren der Nachkriegs-Lufthansa erweitern müßte – mit der DC-3, der Super-Constellation, der Convair Metropolitan oder mit der inzwischen auch schon zum Oldtimer gewordenen Boeing 707. Aber das wird wohl noch lange ein Wunschtraum aller Flugzeugfans bleiben.

Seine neue, alte Tante Ju bedachte Flugkapitän Bonsmann, der sich zusammen mit seinem Kollegen Kurt Matzak vor allem um die Vorbereitung des Flugbetriebs gekümmert hatte, mit liebevollen Worten: „Sie ist zwar fast 50 Jahre alt, aber nach unserer kosmetischen Operation gleicht sie eher einem flotten Teenager."

Daß die Tante Ju, wie jedes weibliche Wesen, auch manchmal ihre Launen haben konnte, wurde von Heinz-Dieter Bonsmann allerdings nicht verschwiegen. „Piloten, die sie vom rechten Sitz aus geflogen haben – wegen der nicht optimalen Anordnung der Bedienelemente früher als Hilfsflugzeugführersitz bezeichnet – können ihr nicht nur gutmütiges Verhalten bescheinigen, sondern zum Teil auch das Benehmen einer ‚ollen Zicke'".

Die Tante Ju nahm's mit Gelassenheit, sie war schließlich die Hauptperson bei diesem Festtag, und die angenehmen Erinnerungen überwogen natürlich bei den vielen Gästen. Dazu zählten auch manche Piloten und Mechaniker, die aus der Pionierzeit des Luftverkehrs noch frische Erinnerungen und Episoden über die Ju 52 zum besten geben konnten.

Bis die Ju 52 aber nach ihrer Verjüngungskur wieder zum Erstflug starten konnte, gab es noch viel zu tun. Es fehlte an manchen Details der letzte Schliff, einige Instrumente mußten noch eingebaut und auf ihre präzise Funktion überprüft werden, und vom Luftfahrt-Bundesamt wurde der Segen für die ersten Rollversuche erwartet. Auch die Lufthansa-Piloten, die sich als Besatzungen für die Ju gemeldet hatten, mußten sich für diese Aufgabe gründlich vorbereiten. Denn ein Pilot, der heute täglich mit einer Boeing, einer McDonnell-Douglas DC-10 oder einem Airbus unterwegs ist, kann nicht so ohne weiteres auf eine Maschine umsteigen.

Immerhin hatten die Jet-verwöhnten Piloten Gelegenheit, ihre ersten Annäherungsversuche an die Fliegerei von gestern bei der South African Airways zu absolvieren: Deren ebenfalls zum Firmenjubiläum restaurierte und be-

BERLIN-TEMPELHOF

Ein Bild wie aus alten Tagen: Die Tante Ju in alter Frische, als ob die Jahrzehnte spurlos an ihr vorübergezogen wären.

reits seit 1984 fliegende Ju 52 stand in Südafrika für Trainings- und Einweisungsflüge zur Verfügung.

Am 1. April 1986 war es dann soweit: Die beiden Lufthansa-Kapitäne Heinz-Dieter Bonsmann und Kurt Matzak kletterten zusammen mit Brian Wallace, ihrem Kollegen von der South African Airways, ins Cockpit der Ju 52 und rollten auf dem Hamburger Flughafen zum Start. Vom trüben Wetter ließen sie sich ebensowenig beeindrucken wie die Tante Ju: Schließlich wußte sie seit Jahrzehnten, wie man fliegt, und der Jungfernflug war für sie sicher weniger aufregend als für die Besatzung.

Viel Publikum gab es bei diesem Flug noch nicht, denn er war eher so etwas wie eine Generalprobe für die große öffentliche Präsentation, denn fünf Tage später sollte die glanzvoll restaurierte Ju 52 in der großen Halle 4 der Lufthansa-Werft in festlichem Rahmen getauft und dann auch im Flug demonstriert werden.

Die Tante Ju rief, und Tausende von Gästen kamen: Mitarbeiter der Werft mit ihren Familien waren geladen, alte Pioniere aus den frühen Tagen des deutschen Luftverkehrs, Vertreter von Firmen und Institutionen, die bei der Restaurierung wertvolle Hilfe geleistet hatten, Politiker und Journalisten, und als besonders geschätzter Ehrengast war auch Klaus Junkers dabei, der Sohn des großen Luftfahrtpioniers Professor Hugo Junkers.

Wieder hatte dieses Ereignis einen historischen Bezug: Auf den Tag genau vor 60 Jahren, am 6. April 1926, hatte die erst wenige Monate vorher gegründete Lufthansa ihren Flugbetrieb aufgenommen. Damit nicht genug – die Ju 52 mit dem Kennzeichen D-AQUI, auf die nach wechselvollen Einsätzen und manchen Umbauten und Überholungen die heutige Traditionsmaschine zurückgeht, war exakt vor 50 Jahren bei den Junkers-Werken in Dessau zu ihrem Erstflug gestartet.

„Der heutige Tag markiert ein echtes Stück Lufthansa-Tradition," stellte Reinhardt Abraham in seiner Rede vor den Gästen fest, „Traditionen zu pflegen, heißt sich darauf zu besinnen, woher man kommt, und aus dieser Besinnung und Erfahrung zu bestimmen, wohin man geht. Ich meine, daß unsere Ju 52 ein ideales Bindeglied zwischen Vergangenheit, Gegenwart und Zukunft darstellt."

An die Vergangenheit der Lufthansa erinnerte der Name, auf den die Ju 52 an diesem Tag getauft werden sollte: „Der alte Flughafen

Klein und zierlich nimmt sich die Tante Ju neben dem Triebwerk eines Jumbo Jets aus.

(Luftaufnahme freigegeben vom Senator für Häfen, Schiffahrt und Verkehr in Bremen unter Nr. MBB 86-0402/31)

Die restaurierte Tante Ju bei einem ihrer ersten Erprobungsflüge in der Hamburger Umgebung

D-AQUI

Tempelhof war früher nicht nur das Luftkreuz Europas, sondern auch die Basis der alten Lufthansa," erklärte Reinhardt Abraham, „Es ist uns daher Ehre und Verpflichtung, unsere Ju 52 ‚Berlin-Tempelhof' zu nennen."

Die Taufrede hielt denn auch Siegmund Jaroch, der Bürgermeister des Berliner Bezirks Tempelhof: „Wenn es auch gute Sitte ist, das Alter von Damen taktvoll zu verschweigen, so glaube ich dennoch, keinen Fauxpas zu begehen, wenn ich daran erinnere, daß die hier im Festtagsputz erstrahlende zukünftige ‚Berlin-Tempelhof' runde 50 Jahre auf ihrem silberglänzenden Wellblechbuckel hat," sagte der Bürgermeister, und er blickte zurück auf das Jahr 1932, als die ersten Ju 52 in Tempelhof auftauchten und dann für ein rundes Jahrzehnt das Bild dieses Flughafens prägten: „Es ist für mich als Bezirksbürgermeister wie für die Tempelhofer Bürger eine große Freude, daß die Lufthansa mit der Taufe dieser ebenso liebe- wie mühevoll restaurierten Junkers Ju 52 der großen Zeit Tempelhofs als Europas Flughafen Nummer Eins ein so markantes, fliegendes Denkmal setzt."

Dann knallte der Sektkorken: Frau Erika Abraham und Bürgermeister Siegmund Jaroch gossen das schäumende Naß über den Bug der Tante Ju, eine Stewardeß enthüllte den Namenszug, und zu den flotten Klängen der Dr. Jazz Ambulanz, der Philharmonischen Blechbläsersolisten Hamburg, feierte das Publikum die in all den langen Jahren so jung gebliebene Ju 52.

Taufurkunden wurden unterzeichnet, Taufgeschenke ausgetauscht, und dann erläuterte der Flugbetriebsleiter der künftigen Ju-Fliegerei, Flugkapitän Heinz-Dieter Bonsmann den bevorstehenden Demonstrationsflug der Maschine.

Als sie aus der Halle gerollt wurde, drängten sich die Gäste auf das Vorfeld, die Flughafenfeuerwehr schoß mit ihren Wasserkanonen einen feuchten Salut in den eiskalten Aprilhimmel, und als die drei Motoren gezündet wurden, wuchs die Spannung auf das große Ereignis.

Donnernd nahm die Tante Ju auf der Startbahn des Hamburger Flughafens Fahrt auf, und schon nach wenigen hundert Metern schwebte sie über der Piste, stieg behäbig davon und nahm Kurs auf die Stadt: Auch die Hamburger Bevölkerung sollte etwas mitbekommen vom ersten offiziellen Flug des rüstigen Oldtimers.

Der Feierlichkeiten war nun ein Ende, jetzt mußte die Ju 52 in einer mehrwöchigen Flugerprobungsphase den gestrengen Herren des Luftfahrt-Bundesamtes beweisen, daß sie nicht nur fliegen, sondern auch allen Anforderungen zur sicheren Beförderung von Passagieren genügen konnte. Denn die Lufthansa wollte ihre Traditionsmaschine nicht nur demonstrieren, sondern auch für Rundflüge einsetzen.

Nach vielen Testflügen, auch mit Piloten des Luftfahrt-Bundesamtes und der Deutschen Forschungs- und Versuchsanstalt für Luft- und Raumfahrt, und nach dem unvermeidlichen Papierkrieg hatte die Ju 52 dann am 6. Juni 1986 ihr Klassenziel erreicht: Sie erhielt vom Luftfahrt-Bundesamt die Verkehrszulassung.

Zu den 14 Ehrengästen, die auf dem Flughafen Braunschweig, dem Sitz des Luftfahrt-Bundesamtes, zur Feier des Tages einen Rundflug machten, gehörte auch Heinz Schreiber. Er war am 6. April 1936 als Bordmechaniker dabei, als die fabrikneue D-AQUI zu ihrem ersten Werksflug startete, und seine Freude über das Wiedersehen war verständlich: „Was ich jetzt empfinde, kann ich niemandem vermitteln. Wunderbar."

Wunderbar fanden es auch die vielen Zuschauer, mehr noch die geladenen Gäste, als die Tante Ju in den nächsten Monaten auf ihre erste Tournee ging. Sie besuchte viele deutsche Flughäfen, brillierte auf Flugtagen, war Stargast beim 50jährigen Jubiläum des Frankfurter Flughafens, flog über die Windjammer-Parade der Sail '86 in Bremerhaven, und machte schon im August ihre erste Auslandsreise nach Schweden.

Seitdem ist die Ju 52, das Traditionsflugzeug der Lufthansa vom Frühjahr bis zum Herbst unterwegs als fliegendes Denkmal aus den Pionierjahren der Luftfahrt. Und Reinhardt Abraham versprach wohl kaum zuviel, als er behauptete: „Das ist die beste Ju 52, die es je gab."

Anhang

D-A

Ju 52 in Zahlen und Fakten

Baumuster	Junkers Ju 52/3 m
Kennzeichen (alt)	D-AQUI
Kennzeichen (neu)	D-CDLH
Triebwerk	3 Neunzylinder-Sternmotoren Pratt & Whitney PW 1340 S1 H1 Wasp
Triebwerkleistung	3 × 600 PS
Besatzung Cockpit	2 (+ 1)
Kabine	1
Passagiere	14

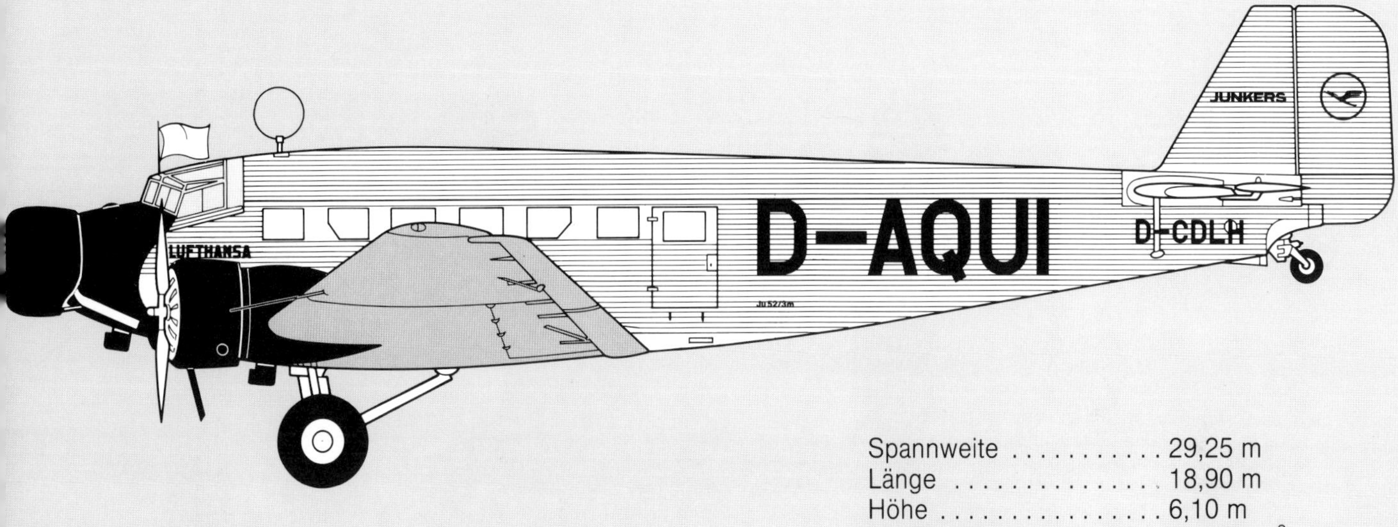

Spannweite	29,25 m
Länge	18,90 m
Höhe	6,10 m
Flügelfläche	110,50 m^2
Flügelstreckung	7,74:1
max. Startgewicht	10,5 Tonnen
Kraftstoffmenge	2500 Liter
Startgeschwindigkeit	ca. 120 km/h
Reisegeschwindigkeit	ca. 180 km/h
Höchstgeschwindigkeit	220–240 km/h
max. Reichweite	ca. 1200 km
max. Flugdauer	ca. 6 Stunden
Startrollstrecke	ca. 400 m
Landerollstrecke	350 m

Erstflug-Besatzung:
Flugkapitän Heinz-Dieter Bonsmann
Flugkapitän Kurt Matzak
Flugkapitän Brian Wallace (SAA)

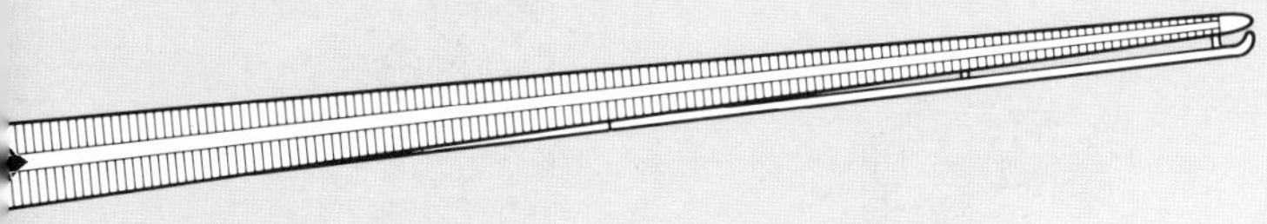

Luftverkehr: DFVLR-Testpilot fliegt die Ju 52 der Lufthansa

Rüstige Tante

Rüstig ist sie, die Ju 52 der Lufthansa. Trotzdem wird ihr die Verkehrszulassung zum gewerblichen Personentransport nicht geschenkt. Ein umfangreiches Nachweisprogramm muß erfüllt werden. Testpilot Hans-Ludwig Meyer, daran beteiligt, schildert einige fliegerische Eindrücke über das Verhalten der D-AQUI. ▷

Foto: Lufthansa

DFVLR-Testpilot Meyer (rechts) bei der Vorflug-Kontrolle

Luftverkehr: DFVLR-Testpilot fliegt die Ju 52 der Lufthar

Das bisherige Leben der Lufthansa-Ju war bewegt, und oftmals schien es, als sei die Luftfahrt-Karriere der ehrwürdigen Tante endgültig vorüber. Inzwischen über ein halbes Jahrhundert alt, soll sie nun aber nach Willen der LH einen neuerlichen Gipfel beruflichen Glanzes erklimmen – als Verkehrsmaschine, zugelassen für gewerbliche Personentransporte.

Das Problem: Die Ju 52 D-AQUI erfüllt die heutigen Lufttüchtigkeitsforderungen für die Klasse nicht in allen Punkten wörtlich. Wen wundert's? Vor 51 Jahren – so alt sind die wesentlichen Strukturteile der alten D-AQUI – waren die Vorstellungen und Forderungen der zuständigen Behörden und Abnahmestellen noch anders, nicht so weit entwickelt oder überhaupt noch nicht festgelegt.

Die Lösung: Als Ersatz für die wörtliche Erfüllung der modernen Lufttüchtigkeitsforderungen wurde ein Nachweisprogramm festgelegt, in welchem festgestellt werden sollte, daß ein gleichwertiges Maß an Sicherheit gegeben ist.

Welchen technischen Piloten würde es wohl nicht interessieren, an einem solchen Programm mitzumachen und durch eigene Praxis zu erfahren, wie die legendäre Ju fliegt?

Meine Antwort fiel nicht schwer. Natürlich würde ich mich gern im Rahmen der Möglichkeiten bei den Flugmessungen und Versuchen beteiligen. Ein Rahmenprogramm war mit dem LBA bereits verabredet: Die Mindestgeschwindigkeiten sollten festgestellt, die Startleistungen nach Ausfall des kritischen Motors und einige Start- und Landefälle nachgeflogen werden.

Der Theoriekurs und das Studium verschiedener Unterlagen im Rahmen der Einweisung zeigen, welche bemerkenswerten konstruktiven Kniffe und Feinheiten bereits vor über 55 Jahren entwickelt und eingebaut wurden, z.B. automatischer Momentausgleich beim Klappenfahren oder raffinierte Kugelkopfanschlüsse mit Überwurfmuttern

Auch wer wie DFVLR-Testpilot Hans-Lud Meyer auf unzähligen Flugzeugtypen Er rung hat, kommt um eine eingehende the tische und praktische Einweisung auf der Ju 52 nicht herum. Die Maschine mit Stern-Motoren und Spornrad ist anfäng gewöhnungsbedürftig. Wer viel Jet fliegt, sich etwas schwerer. Do 27- oder Do 28-P ten hingegen fällt die Umstellung leich

Fotos: Lufthansa, (Freigabe d. Senator für Häfen, Schiffahrt und Verkehr Bremen. Nr. MBB 86-0402/24)

für Rumpf-Flügelbefestigungen und die Motoraufhängung.

Aus der Original-Kurzbetriebsanweisung der Ju 52/3m zu den Flugeigenschaften: „Das Flugzeug ist für die Gruppe H3 zugelassen. Es ist um alle Achsen stabil und unbeschränkt blindflugtauglich. Die Ruderkräfte und Ruderwirkungen sind gut abgestimmt und für alle Flugzustände (auch Zweimotorenflug) ausreichend bemessen.

Wird die Geschwindigkeit langsam bis zum V_{lande} vermindert, so kündigt sich bei nicht angestellter Landeklappe Annäherung an den überzogenen Flugzustand durch Rütteln im Höhenruder an (Abkipp-Warnung).

Der Unterschied zwischen den Horizontalwinkeln bei nicht angestellter und voll angestellter Landeklappe ist groß.

Es ist daher beim Gleitflug und im Anschweben die Geschwindigkeitsanzeige am Fahrtmesser zu beobachten.

Zum Kurvenflug sind kleine Seitenruderausschläge ausreichend. Kurvenlage mittels Wendezeigers prüfen.

Kurven mit angestellten Landeklappen ist einwandfrei möglich bei entsprechendem Geschwindigkeitsüberschuß über der Minimalgeschwindigkeit. Kunstflug ist verboten."

Vor den eigentlichen Vermessungsflügen gab es Gelegenheit, einige Einweisungsflüge mit dem sehr erfahrenen LH-Kapitänen H.D. Bonsmann und K. Matzak zu machen.

Die LH-Ju hat jetzt moderne Pedalbremsen

Das Rollen am Boden – früher wurden die Radbremsen über die Leistungshebel angesteuert, was wohl sehr schwierig war – ist mit den modernen Pedalbremsen (System von der Noratlas) trotz des freien Heckrades eine einfache Sache. Das Richtunghalten im Start erfordert im Anfang Aufmerksamkeit, damit man nicht in Gierschwingungen kommt und die Bahnmitte zwischen dem Fahrwerk bleibt. Ein Do 27-oder 28-Pilot hat hier Vorteile, obgleich die Kräfte in der Ju natürlich größer sind und das Verhalten wegen der anderen Massenverteilung und geometrischen Verhältnisse anders ist.

Bei einigen Testeingaben und Manövern in der Luft zeigt die Ju, wie harmlos in den Eigenschaften und wie einfach fliegbar ein Flugzeug mit immerhin fast 30 Meter Spannweite sein kann. Die Handsteuerung über die raffiniert abgesetzten Steuerflächen bewirken eine gute Steuerwirksamkeit bis zum Erreichen des Maximalauftriebes infolge der sauberen Umströmung und der Lage der Drehachsen. Junkers hatte eigene Bezeichnungen für die beweglichen Flächen: Die Querruder waren die äußeren, die Landeklappen die inneren Hilfsflügel. Die Steuerkräfte sind für die 10,5 Tonnen Flugmasse angemessen und ausreichend austrimmbar. Das negative Wendemoment ist beachtlich und erfordert eine gute Koordination zwischen Quer- und Seitensteuer für einen schiebefreien Flug, etwas, was ein reiner Jet-Pilot erst wieder lernen muß.

Für das neu zu erstellende Flughandbuch fehlten vor allem die Werte für Mindestgeschwindigkeiten, denn für diese Kombination von Zelle und Antrieb (3×600 PS Pratt & Whitney Wasp mit Verstell-Luftschrauben) waren keine verwertbaren Daten aufzutreiben. Die Mindestgeschwindigkeiten sind vom jeweiligen Gewicht und den Klappenstellungen abhängig; sie sind die wichtigste Bezugsgröße für Start, Anflug und Landung. Für die Ermittlung waren viele Flüge erforderlich, Sandsäcke, auf den Sitzen und auf dem Kabinenboden befestigt, simulierten die verschiedenen Beladzustände für die vorgesehene Kombination von Massen und Schwerpunkten.

Die LH-Ju: Bald mit Verkehrszulassung

Die Ju macht bei den Versuchen ihrem Ruf alle Ehre, sie ist auch bei großen Anstellwinkeln äußerst harmlos und gutmütig in den Flugeigenschaften. Mit Annäherung an die Mindestgeschwindigkeiten nehmen die warnenden Anzeichen an Intensität stetig zu. Ein kräftiges, gut aussteuerbares Rollmoment nach rechts weist als erstes auf die Situation hin. Bei dem dicken Profil und der Flügelgeometrie kann man sich die mit zunehmendem Anstellwinkel größer werdenden Ablösungen, ausgehend von der inneren Flügelhinterkante, gut vorstellen. Die verwirbelte Luft aus den Gebieten abgelöster Strömung trifft das Leitwerk und bewirkt das warnende Schütteln der Steuerhörner und der Zelle. Bei der geänderten Druckverteilung über den Querrudern werden die Quersteuer weich. Auch ohne Beachtung der Fahrtmesseranzeigen kann jeder Pilot diese deutlichen Warnungen und Veränderungen als zu großen Anstellwinkel erkennen, zumal bei vorderen und mittleren Schwerpunktlagen das Steuerhorn fast am Anschlag ist und mit einer Kraft von etwa 10 bis 15 dN gehalten werden muß. Die volle Steuerbarkeit wird nach Strömungsabriß und in jeder Phase nach Erkennen der abgelösten Strömung sofort und mit nur geringem Höhenverlust wieder erreicht, wenn der Höhensteuerkraft nachgegeben und das Höhensteuer in Normalstellung gebracht wird – ein wirklich klassisches Verhalten.

Die Startabbruchstrecke liegt bei 600 Metern

Ein wichtiger Nachweisversuch war auch die Überprüfung der Leistungen nach Ausfall des kritischen Triebwerkes im Start. Die Versuche laufen folgendermaßen ab: Startleistung auf allen drei Triebwerken setzen, Bremsen lösen, Höhensteuer deutlich drücken – das Heck kommt schon fast im Stand hoch. Bei Erreichen der Entscheidungsgeschwindigkeit V1, das sind je nach Konfiguration 110 bis 120 km/h, wird das kritische Triebwerk (links) auf Leerlauf genommen und zur Nachbildung der Reaktionszeit zwei Sekunden gewartet, bevor die Leistung der anderen Triebwerke herausgenommen wird. Bis etwa 100 km/h wird die JU in Horizontallage am Boden gehalten und erst darunter das Heck abgesenkt und gebremst, denn sonst wäre der Auftrieb noch zu gering, oder sie könnte sogar wieder abheben. Die gemessene Strecke für diesen Startabbruchfall war bei extremer Bremsung etwa 600 Meter, bei normaler Verzögerung etwa 800 Meter.

Für den entsprechenden Startfall, d.h. Ausfall eines Triebwerkes nach Überschreiten der V_1 und Fortsetzung des Startes und Steigflug mit zwei Triebwerken und anschließender Platzrunde in Sicherheitsmindesthöhe, wurden etwa 700 Meter bis zum Erreichen von 35 Fuß Höhe benötigt. Die Seitenruderkräfte können hierbei auch ohne nachzutrimmen noch gehalten werden. Die Landestrecken sind sogar ohne Betätigung der Bremsen geringer als für den Startfall. Die tatsächlichen Leistungsgrenzen wurden bei der Nachfliegerei ganz bewußt nicht ausgenutzt und erflogen, weil die vorgesehenen Einsätze und Verfahren mit Werten für einen immer sicheren Betrieb gemacht werden sollen.

Für alle Beteiligten waren die Messungen und Versuche eine nützliche Erweiterung der fliegerischen Erfahrung; unsere Hochachtung vor den Konstrukteuren der damaligen Zeit ist beachtlich gestiegen, und bei allen entwickelte sich nach fast 100 Abkippversuchen und Messungen noch größeres Vertrauen in die gute alte Tante Ju.

Zehn Gebote für Flugreisende

Mit diesen „Zehn Geboten für eine Luftreise" gab die Lufthansa in den dreißiger Jahren ihren Passagieren praktische Lebenshilfe. Viele der guten Ratschläge muten zwar aus heutiger Sicht kurios an, aber manches klingt in diesem „Knigge" für Flugreisende durchaus vertraut.

● Löse deinen Flugschein so früh wie möglich, denn du darfst nicht vergessen, daß das Fassungsvermögen der Verkehrsflugzeuge selten mehr als acht bis zehn Passagiere übersteigt. (Jedes Reisebüro übernimmt die Platzbelegung.)

● Wähle deine Kleidung wie für eine Eisenbahnfahrt. Da die Flugzeugkabinen geschlossen und in der kalten Jahreszeit auch geheizt sind, erübrigt sich jede Sonderkleidung.

● Da bei Inlandsflügen nur zehn Kilo – bei Auslandsreisen nur 15 Kilo – Freigepäck zugelassen sind, schicke deine großen Koffer als Passagier- oder Expreßgut per Bahn voraus und behalte für die Luftreise nur einen Handkoffer mit den Utensilien für 24 Stunden zurück.

● Nimm nach Betreten der Flugzeugkabine deinen Platz ein und benutze bei Start und Landung die polizeilich vorgeschriebene Anschnall-Vorrichtung. Während des Fluges ist diese überflüssig, da du in der Kabine volle Bewegungsfreiheit hast.

● Gebrauche die dir vor dem Fluge ausge-

War die Luftreise in den zwanziger Jahren noch ein Abenteuer, so faßten die Passagiere mit zunehmender Sicherheit und Regelmäßigkeit immer mehr Vertrauen in den noch jungen Luftverkehr. Die Ju 52 bot in den dreißiger Jahren schon viel Komfort in der Kabine (rechts).

händigte Ohrenwatte; denn das Motorengeräusch ist in den meisten Flugzeugtypen bei längeren Flügen etwas störend.

● Du sollst in der Nähe der Flugzeuge aus Sicherheitsgründen und in der Kabine mit Rücksicht auf das Wohlbefinden deiner Mitreisenden nicht rauchen.

● Warte nicht etwa darauf, daß du von der Luftkrankheit befallen wirst, sondern genieße die Fernsicht, lies oder schreibe. Nur bei sehr stürmischem Wetter werden dazu disponierte Fluggäste von Unwohlsein befallen. Auch diesen kann durch Luftkrankheitsmittel, die in jedem Flughafen erhältlich sind, geholfen werden.

● Sorge dafür, daß die Luft in der Kabine frisch bleibt. Das Öffnen der Fenster ist erlaubt, nicht aber das Hinauswerfen von Gegenständen, die den kleinen Erdenbürgern tief unter dir auf den Kopf fallen könnten.

● Das Photographieren aus dem Flugzeug ist leider verboten und nur mit besonderer behördlicher Genehmigung gestattet. Du mußt deshalb deinen Photoapparat während der Luftreise im Koffer zurücklassen.

● Spiele nach dem Fluge vor deinen Mitmenschen nicht die Rolle eines Helden, denn es gehört schon lange kein Mut mehr dazu, den Luftweg zu benutzen. Du kannst dich aber um die Luftfahrt verdient machen, wenn du rückständige Menschen, welche die Luftreise für eine gefährliche Sensation halten, etwas aufklärst.

Sponsorenliste

An der Instandsetzung der D-AQUI waren folgende Firmen beteiligt:

Air Classic GmbH Frankfurt
Ersatzteile: Steuerung und Kraftstoffanlage

Aluminium-Walzwerk Singen
Singen-Hohentwiel
Spezialanfertigung von vier Holmrohren für den Mittelflügel aus 2024 Aluminium-Legierung

Apparatebau Gauting GmbH
Gauting
Wendezeiger

Armee l'Air
Paris, Frankreich
Noratlas Ersatzteile für Räder (Felgen) und Bremsen

Becker Flugfunkwerk GmbH
Rastatt
Audio-System

Deutsche Goodyear
Mörfelden
Spezialanfertigung: Reifen

Deutsches Museum
München
Ersatzteile der Motorschmierstofftankanlage als Muster zur Nachfertigung.
Technische Unterlagen für die Instandsetzung und Reparatur

Dinol GmbH
Hamburg
Korrosionsschutz: „Dinitrol AV 5 + AV 25"

E.C.E.
(L'Equipement et la Construction Electrique)
Paris/München
Schaltschütze, Relais, C/B, Schalter, Signalleuchten

Flugausstellung Leo Junior
Hermeskeil
Fahrwerkteile aus „Noratlas" für Räder und Bremsen

Frankenjura Industrie
Erlangen

Grimes
Midland Ross GmbH
Frankfurt
Exterior Beleuchtungselemente:
Strobe Lights, Nav. Lights, Taxi Lights, Spot Lights, Pwr. Supply's

Hella
Westfälische Metallindustrie
Lippstadt
Interior Beleuchtungselemente;
Dome Light, Map Light,
NS/FSB Info. Sign., Emex Sign.
Frachtraumbeleuchtung

Isovolta
Wiener-Neudorf/Österreich

Hugo-Junkers-Gesellschaft
Weinheim
Spornfahrwerk
Technische Unterlagen und „know-how" vergangener Zeiten

Carl W. Kopperschmidt
Hamburg
Cockpit und Kabinenfenster

Lufthansa
Ju-Fans
Freizeit, Begeisterung, Ideen, motiviertes „Corporate Identity"

Lufttransportgeschwader LTG 62
Wunstorf
Überlassung von Mustern als Vorlage für Neuanfertigung von Strukturersatzteilen im Bereich Motorgondeln
(aus der in Norwegen gehobenen Ju 52)

Lufttransportgeschwader LTG 63
Hohn
Ersatzteile für Steuerung und Kraftstoffanlage

Monogram Industries
München

Albert Mühlenberg
Norderstedt
Teile für Inneneinrichtung

Olympus Optical Co.
Hamburg
Hilfeleistung bei der Strukturdiagnose der Holmrohrinnenflächen mit Kleinstvideo-kamera

Revue Thommen AG
Waldenburg, Schweiz
Air Data Instruments, Manifold Press. Ind.

Rockwell Collins GmbH
Frankfurt
Alle Radios (Nav/Com, ATC, DME, ADF)

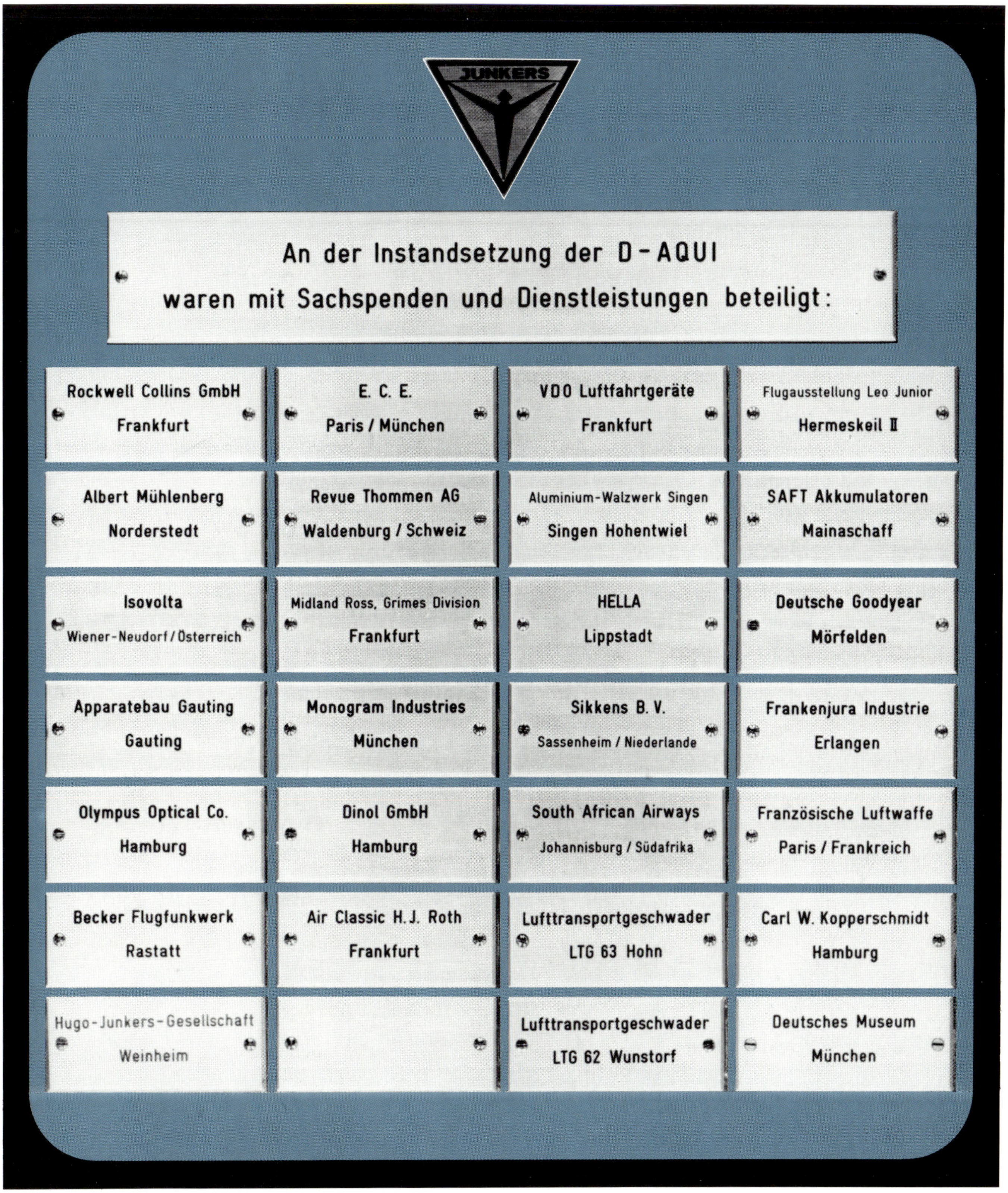

SAFT Akkumulatoren + Batterien GmbH
Mainaschaff
Bordbatterien (2 ea)

Sikkens B.V.
Sassenheim, Niederlande
Material für Farbanstrich
FCR + S 15/90 Primer,
pigmentierter Polyurethanlack,
Klarlack-Überzug

South African Airways
Johannesburg, Südafrika
Besatzungsschulung zum Selbstkostenpreis (nur Kraftstoff), Hilfe bei der Einfliegerei

VDO
Frankfurt
Engine Instruments (RPM, CAT, CHT, EGT, Oil Press, Oil Temp, Fuel Press, Fuel Temp (+ Spares)

Plaketten an der Innenseite der Türe der Ju 52 D-AQUI zeigen die vielen Firmen und Institutionen, die bei der Restaurierung dieses Oldtimers mitgeholfen haben (oben).

JUNKERS